图解 **精益制造** *074*

中小型工厂
数字化改造

Small Factory 4.0 第四次「町工場」革命を目指せ！

[日] 木村哲也 著

丁汝峰 陈世纪 译

人民东方出版传媒
People's Oriental Publishing & Media
东方出版社
The Oriental Press

图字：01-2021-3598 号

Small Factory 4.0 by Tetsuya Kimura Copyright © 2018 Tetsuya Kimura
Simplified Chinese translation copyright © 2021 Oriental Press，All rights reserved
Original Japanese language edition published by SANKEISHA CO.，LTD.
Simplified Chinese translation rights arranged with SANKEISHA CO.，LTD.
through Hanhe International（HK）Co.，Ltd.

图书在版编目（CIP）数据

中小型工厂数字化改造／（日）木村哲也 著；丁汝峰，陈世纪 译.—北京：东方出版社，
2021.9
（精益制造；074）
ISBN 978-7-5207-2337-4

Ⅰ.①中… Ⅱ.①木… ②丁… ③陈… Ⅲ.①工厂—中小企业—工业企业管理—数字化
Ⅳ.①F406.16

中国版本图书馆 CIP 数据核字（2021）第 156712 号

精益制造 074：中小型工厂数字化改造
（JINGYI ZHIZAO 074：ZHONGXIAOXING GONGCHANG SHUZIHUA GAIZAO）

作　　者：[日] 木村哲也
译　　者：丁汝峰　陈世纪
责任编辑：崔雁行　吕媛媛
责任审校：谷轶波
出　　版：东方出版社
发　　行：人民东方出版传媒有限公司
地　　址：北京市西城区北三环中路 6 号
邮　　编：100120
印　　刷：北京文昌阁彩色印刷有限责任公司
版　　次：2021 年 9 月第 1 版
印　　次：2021 年 9 月第 1 次印刷
开　　本：880 毫米×1230 毫米　1/32
印　　张：6
字　　数：97 千字
书　　号：ISBN 978-7-5207-2337-4
定　　价：58.00 元
发行电话：(010) 85924663　85924644　85924641

版权所有，违者必究
如有印装质量问题，我社负责调换，请拨打电话：(010) 85924602　85924603

目　录

第 2 章

IoT 与人的联合

第 3 章

实现所有现场的 IoT 化

前　言

笔者在丰田汽车公司（以下简称"丰田汽车"）技术部工作了 18 年（含常驻海外工作的时间），主要从事与驾驶稳定性和乘坐舒适度的产品开发实验相关的工作。最后三年调动到生产调查部，从事运用丰田生产方式进行的改善活动。

此后，我于 2013 年调动到旭铁工公司（以下简称"旭铁工"），历任董事、副总经理，后任总经理，负责整体经营。

旭铁工是年销售额 150 亿日元规模的中小企业，负责进行锻造、铝压铸、机械加工、塑料成型、装配等加工，作为丰田汽车的一级供应商，主要生产发动机、变速器、悬挂、车身等多种零部件。此外，旭铁工还在泰国开设了当地法人企业 SAM（Siam Asahi Manufacturing）。

本书是笔者调动到旭铁工后，致力于实现生产线 IoT 化的相关介绍。

建立这套系统后，笔者所在工厂的生产数量、循环时间、停止时间的改善速度均得到了大幅提高，给现场人员带来了动力，为其技术能力的提升带来了积极影响。

我们开发的系统有以下三大特点：

① 初期投资少；

② 旧设备也能导入；

③ 导入简便。

也就是说，无论多么小规模的现场都可以导入该系统，这一特点是其最大的优势。

在本公司生产线使用该系统的过程中，我们收集了技术和应用两方面的数据并加以改进，完成了生产线远程监视系统。

我们希望这套系统能帮助更多的公司提高生产效率。于是，在2016年（平成二十八年）9月，我们创办了以提供该系统和该系统应用技巧为目的的"i Smart Technologies 公司（信息智能技术公司）"，且已为约100家企业提供了监控服务。

自2018年开始，除了系统及其运用，我们还启动了提供数据分析和改善建议的"生产线诊断服务"，以及帮助企业应用数据、快速营造改善活动环境的"混合咨询服务"两大业务。

笔者最大的愿望，是本书的内容能大幅提高你所在的生产现场的水平，并且能让你切实感受到其中的变化。

2018 年 5 月

旭铁工公司/i Smart Technologies 公司董事长兼总经理

木村哲也

中小企业必须进行 IoT 化

序 . 1　IoT 是中小企业经营的救世主

（1）IoT 是什么？

"IoT" 是 "Internet of Things" 的缩写。

各大媒体都将其翻译为 "物联网"，但是这个解释似是而非。

其实，"物联网" 只是一个比喻，"个体信息的识别、收集、活用" 才是 IoT 的真正意思：

"个体信息" 是指温度、湿度、振动频率、材质等；"识别" 由各种传感器进行；"收集" 由互联网和公司的内网承担；"活用" 则是人和人工智能的任务。

如果你觉得这个解释很难理解，可以想象一下人的身体状况管理：

"个体信息"是指体温和血压；进行"识别"的是体温计和血压计；通过智能手表和互联网"收集"这些个体信息，由人工智能和医生进行远程会诊，一旦发现异常，就会发出警告（"活用"）。这是 IoT 的典型系统之一。

而把这个系统运用到生产现场，就是本文所说的"IoT化"的意思。

（2）中小企业应该推进"IoT"化的理由

以往一般认为，IoT 系统的导入和活用是应由大企业做的事情，而中小企业：

① 无法进行大规模的投资；

② 人才稀少且招聘困难。

只要能解决以上课题，IoT 化还是有很多能让中小企业发生改变的有利之处的。例如：

① 生产效率提高的空间很大；

② 小范围进行改变的可能性高；

等等。

旭铁工在推进 IoT 化的时候，既没有支付大额预算的余地，也没有精通 IT 的人才。但是为了解决围绕中小企业的各种各样的课题，推进 IoT 化是最快捷的方法。于是，旭铁工下决心不断进行挑战，并最终以必要的最低限度的经营资源实现了 IoT 化，大幅削减了设备投资和加班费。此外，在质量和其他方面，旭铁工也取得了显著成果。最令人高兴的是，公司内部的氛围发生了巨大的变化。

(3) IoT 化带来的成果

我们把引进 IoT 技术的目的设定为"提高生产线每小时的产量"，并且取得了成功。

但在这个过程中，我们发现 IoT 技术除了能实现这个目的以外，还可以根据生产现场的条件和用途解决各种各样的问题。例如，保持适当的设备规模、用很少的人员维持或提高品质和生产效率等。而且，初期的投资很少。

从这些方面来看，我们认为中小企业更应该活用 IoT，也希望其他中小企业能够掌握我们在 IoT 化过程中积累的诀窍。由此，我们设立了 i Smart Technologies 公司（信息智能技术公司，以下简称"iSTC 公司"）。本书就 IoT 化的过程、积累

的经验，以及 iSTC 公司支持中小企业完成 IoT 化的做法展开
了具体论述。

序.2　获得日本制造业大奖特别奖

2018 年 2 月 5 日，本公司研发的"使用 IoT 和人工智能
技术的设备运行状况监视及报告系统"被授予了日本经济产
业省主办的"第 7 届日本制造业大奖①特别奖"（制造+企业部
门②）。

2018 年 2 月 5 日，本公司被授予日本制造大奖特别奖
（右 3 为经济产业大臣世耕弘成，其左邻为笔者木村哲也）

---

①　https：//www.monodzukuri.meti.go.jp/index.html。
②　本部门的宗旨是：对通过活用制造出来的"产品"提供服务解决方案、
通过新的商业模式创造新的附加值的个人或组织进行表彰。

【案例名称】

"使用 IoT 和人工智能技术的设备运行状况监视及报告系统"

【概要】

"通过在现有的老式机器上安装通用传感器（光传感器和磁传感器），构建发送接收器与云相结合的简易系统，在不引入新设备投资和高价监视系统技术的情况下实现了 IoT 化，并将其引入了铸造、模具、食品加工等多种行业的生产线。旭铁工作为中小制造型企业成立了提供该服务的新公司，活用制造型企业的经验、联合其他公司顾问，构建了生产线监视服务事业新的商业模式。"

此外，在授予仪式上，日本经济产业大臣世耕弘成致辞，其宗旨意在使今后的日本生产现场实现：

① 强有力的现场和数字技术的融合；

② 生产效率的飞跃性提高；

③ 新的生产模式的创造。

令人吃惊的是，这些和本公司的目标以及我们提供服务的目标是一致的。

我们确信，本书所阐述的内容一定能够为众多制造型企业（我们的目标是超越这个范围）的未来做出贡献。

iSTC 公司的 IoT 系统简史

Ⅰ. 为什么要致力于 IoT 化

1.1 契机

(1)"请写生产管理板"

2013 年年末，来我们公司进行改善指导的丰田汽车主管向我下达了"请写生产管理板，执行 PDCA 循环"的指示。

"生产管理板"是按照丰田生产方式进行"改善"时使用的工具。现场作业人员要在设定的时间段内划分出运转时间并记录各个时间段内的计划数（应完成的个数）、成绩（实际完成的个数）、启动时间、停止理由（数量不足的理由）和生产线的停止时间，使问题"可视化"（图1-1）。

	計画数	実績	停止理由と時間
5:30-6:30	100	91	材料欠　5分
6:30-7:30	100	82	搬送異常　8分
7:30-8:30	100		

图 1-1　生产管理板

(2) 说起来容易做起来难

我在丰田汽车的生产调查部参与改善活动，明白了写生产管理板的重要性。但是，我也知道准确记录并不容易，原因主要有以下三点。

① 无法准时读取设备的计数器

要想记录规定时间段内的生产个数（如 5：30~6：30 的生产个数），就需要准确读取、记录设备计数器上显示的生产数量，然后用计算器计算出生产管理板上的差值。但是我们公司的自动化设备很多，有些地方一个人要负责 10 条生产

线，这就变成了一个障碍。因为气门导管生产线①的节奏是每
4 秒生产一个产品，如果读计数器晚 1 分钟，数字就会相差
15 个。我也尝试过在读计数器的同时进行记录，但效果不太
理想。也就是说，刚好在恰当的时间依靠人来读取计数器，
这在物理上是不可能实现的。而且，把如此不合理的工作强
加给作业人员也是行不通的。如果是大企业，可以分配人员
专门填写生产管理板，这样的例子我也有所耳闻。但是，旭
铁工既没有多余的人力，也花不起这个成本。

② 没有正确测定停止时间的手段

如果能在设备面前进行监视，或许能计算出正确的停止
时间。但是如上所述，1 个人实际要负责 10 条生产线，所以
大部分情况下都只能"注意到对面停线了"，负责人只能凭
直觉说出"大概"的停止时间。此外，也没有检查记录是否
有遗漏及与实际停止时间进行比较验证的手段。

③ 不知道正确的循环时间

为了计算规定时间段内的生产个数，需要掌握每条生产
线上每个产品编号的"循环时间"②。但是为了计量循环时

① 参照第 1 章 1.7（1）。
② 完成 1 个产品的时间。

间，需要有人一直在生产线上用秒表进行测量。这样做不仅费时费力，误差、测量失误、测量者的存在也会对生产操作者产生无法消除的负面影响。而且测量太费工夫，很难再次进行测量，这就是无法即时获知正确数值的原因。

（3）人应该做附加价值高的工作

一边读取生产个数的计数器，一边测定、记录停止时间的工作本身没有附加价值。我一直强调：

"人应该做附加价值高的工作。"

人应该参与的工作，是从测量和记录中发现问题，思考解决方法并付诸实践，人力资源有限的中小企业更是如此。

由此，我们考虑将"生产个数和停止时间记录自动化"。

1.2　参观展览会和研讨会时明白的事情

我们考虑的问题是：用现在流行的 IoT 能否实现"生产个数和停止时间记录的自动化"？

　　于是，我参加了各种展览会和研讨会，而且查看了周围已经在市面上销售的 IoT 系统。

　　结果，我发现了三个问题：

　　① 规模大的价格高

　　光是监视系统，价格就在 2000 万到 7000 万日元不等，像我们公司这样的中小企业根本无从下手。而且，当我在展会上询问"虽然这些数据看上去很整齐地显示出来了，但要如何使用呢?"时，供应商只会回答"这是个问题"或者"一起考虑吧"。这样一来，费用就不合算了。

　　② 昭和的机器不好加装

　　本公司约 50% 的生产设备使用了 20 年以上，而且其中一半是"昭和时期的机器（即使用了 30 年以上的机器)"。但是，现在市面上销售的 IoT 系统大多适用于最新的生产设备。在没有网络的时代制造出来的昭和机器，是不可能互联在一起的。为了使用 IoT 监视器而去更新生产设备，更是本末倒置的做法。

　　③ 看不到想要的数据

　　如上所述，为了记入生产管理板，需要掌握规定时间段内的生产个数和停止时间的数据。但是，能看到这些数据的系统并没有在市面上销售。市面上有的，大多是无法进行详细确认的系统，要么只是用折线图来表示每天的进度，要么是用甘特图①来标注设备运转和停止情况。而我们在现场必须看的那些数据，市面上销售的系统都显示不了。

---

① 柱状图的一种，用于项目、作业等的工程管理。

Ⅱ. 做什么、如何应用

1.3　第一代"可动率监视器"的开发

（1）制作自己想要的东西

出于以上理由，我向本公司的"制造改革室"① 成员下达了"制作自己想要的东西吧!"的指示。

我们公司没有 IT 部门，也没有具备专业知识的人才。但我们了解到，在气门导管生产线②中，正常/异常的信号可以进入信号塔（图 1-2）。我们相信，可以依靠自己的力量制作出收集这些信号的"可动率③监视器"。

---

① 参照第 2 章 2.4。
② 参照第 1 章 1.7（1）。
③ 驱动机械设备时其能正常运转的程度（%）。生产管理板是将可动率"可视化"的手段之一。

图1-2 信号塔

(2) 三个条件

我们考虑系统应具备以下三个条件。

① 无线连接

成为旭铁工的经营者后，我发现将电气安装工程委托给专业公司不仅会花费高昂的费用，还会因为专业公司的不重视导致工期推迟，这样的事情时有发生。因此，我们没有选择电气安装工程（铺设局域网电缆和延长电缆），而是决定采用无线连接的方式。

② 智能手机

同时，我们也没有在办公室安装电脑等专用终端设备，一是因为这样做成本太高，二是因为我们想在现场进行数据调查。最终，我们采用了把数据传送到已经非常普及的智能手机上的方法。这样一来，既能节约成本，又能方便我们随时随地确认数据。

③ 云

我们公司内部已经有几个服务器在运行了。但是，使用专用服务器需要投入大量的初期投资和维护费用。而且为了收回投资部分，我们还必须在使用服务器的前提下思考问题。考虑到目前没有必要使用这些服务器，我们决定将数据收集到云上。

然而，当时我们并没有意识到，还有一点也会对成功与否产生重要影响[①]。

作为附加条件，我将第四个条件单独列出，供你参考：

④ 减少数据的种类

一开始就以收集多种数据为前提构建系统，会花费巨额的初期投资和运营成本。此外，漫无目的地收集数据往往会

---

① 参照第 1 章 1.8（5）（Ⅰ）。

遗漏重要因素。在这种情况下，做一切都是白费工夫。因此，要尽量减少收集数据的种类。

(3) 从生产设备中提取数据

如上所述，由于正常/异常信号会从生产设备中发出，进入信号塔，所以我们决定用电波模块发出信号。

我们改造了信号塔的布线，将这个电波模块插入其中。制作存放电波模块的壳体时使用的是 3D 打印机，但是 3D 打印机使用的材料价格非常昂贵，而且制作一个需要 6 小时，非常不经济。事后回想起来，我们认为当时没有必要专门制造这样的壳体……通过实践，我们明白了很多事情。

(4) 使用"树莓派"

通过电波模块发出的信号由名为"树莓派"① 的教育专用小型个人电脑接收，然后通过互联网上传到云端（图1-3）。

之所以使用"树莓派"，是因为它的价格非常便宜。我

---

① Raspberry Pi，英国树莓派集团开发的单板计算机。自 2012 年上市以来，累计销量超过 1100 万台。

图 1-3　树莓派

们从东京、秋叶原购买了实物和教程，一边阅读教程，一边让 LED 闪烁，尝试联网，反复试错。

　　事实上，前面提到的电波模块的使用方法，我们也是用同样的方法掌握的。在尝试的过程中总会找到突破口，这是我们实践过后才明白的道理。

(5)"可动率监视器"的完成

　　历经种种曲折，我们手中最初版本的 IoT 系统——"可动率监视器"完成了。

【系统概要】

　　从生产设备中获得正常/异常信号。该信号从电波模块发送到配备有"树莓派"的接收器，在那里进行数据汇集，然后再经由互联网传至云端。上传后的数据可以通过智能手机查阅（图 1-4）。

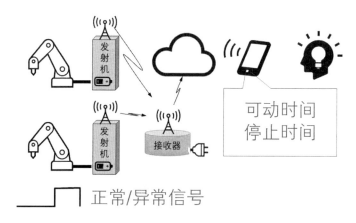

图 1-4　第一代"可动率监视器"的结构

这个系统的大致结构到现在也没有改变。

图 1-5 为 2014 年年末，"可动率监视器"在智能手机中的显示情况。配合现场的时间段进行了时间分割（汇集时段），可以直观看到各个时间段内正确的移动时间和停止时间。

日期	开始	结束
2014年12月16日	5:27	10:48

总运行秒数	总可动秒数	可动率（%）
14910	14848	99.6

总时长	可动时间	停止时间	可动率（%）
5:30～6:30	0:59:30	0:00:30	99.2
6:30～7:30	1:00:00	0:00:00	100.0
7:40～8:30	0:49:28	0:00:32	98.9
8:30～9:35	1:05:00	0:00:00	100.0
10:35～11:25	0:13:30	0:36:30	27.0

图 1-5 "可动率监视器"的显示界面

1.4 看到不意味着解决——IoT 系统的运用

（1）IoT=IT（信息）+OT（应用）

俗话说：人解决不了自己看不到的问题。

最近，"可视化"越来越受重视，但只是看到并不能解决任何问题。无论是生产管理板，还是制造"可动率监视器"，仅停留在"看到"阶段，没有任何意义。

重要的是如何将"看见"的课题和解决的行动联系起来。

以往，这个问题的重要性很少被认真考虑①。而我们公司

① 参照第 1 章 1.2①。

从系统开发初期开始，就将这一点列为 IoT 化的要点，即 IoT＝IT（Information Technology，信息技术）+OT（Operation Technology，操作技术）。

不考虑操作（Operation）的 IoT 是不可想象的。

（2）针对生产线停止的分析会议（简称"停线会议"）

我们把停线会议作为操作的核心（图 1-6）。每天一次，以部长为首的相关责任人会聚集到现场，就生产停止的原因、责任人、在何时、是如何应对的、实施效果、问题复发的可能性等问题进行讨论，制定对策。这就是停线会议的内容。

图 1-6　停线会议的现场

说起来很简单，但落实起来却需要很长时间。

为什么呢？因为当初的问题太多，我们每天都得开 2 小时的停线会议。

（Ⅰ）认真对待提出的问题

"停线会议"期间，我们要求在场员工必须将会议中提出的相关问题记录下来。但受"记录下来也没什么用（得不到任何改变）"的想法影响，很少有员工愿意遵守这项规定。而要想避免这一问题的出现，就必须用心对待停线会议中提出的问题，并且进行耐心、踏实的改善。此次，停线会议在进入正轨之前，在场员工都经历了很多麻烦。

（Ⅱ）重点是每天坚持实施

停线会议每天都要实施，因为如果每周召开一次，很容易让人忘记一周内现场发生的问题。

例如，对于"上周五 15：00 停线的原因"，到底有多少人能记得详细内容呢？

（Ⅲ）不储存数据

使用最新的数据很重要。因为积累了一个月的数据经过一系列意义不确定的统计处理过程，充其量只能再得出一些数字，没有什么实际用途。我们公司的制造部长曾断言："三天前的数据是不需要的。"

当然，如果你想把它用于机器学习的练习，还是要存储一定量的数据，这种情况有别于日常的改善活动。

（Ⅳ）在现场进行会议

停线会议必须在现场实施，而不能在会议室等其他地方。理由是，将得到的数据和问题点在现场与实际情况进行比对，是解决问题的捷径。

（Ⅴ）管理板的设置

旭铁工的生产线旁边，设置有改善活动专用的管理板，上面展示着"目标"、"现状"和"各种KPI①"。我们就在这个管理板前进行会议。

我认为，IoT活动是通过"使用数字技术进行模拟活动"来激发人类聪明才智、促使其采取行动的一种手段。

1.5 "信息智能安灯（ANDON）"的开发

（1）没有发挥作用的"安灯"系统

制造现场多年来一直被一个问题困扰，那就是"无法立

---

① KPI：Key Performance Indicator 的缩写，指"关键绩效指标"。用于检验实现目标的过程是否适当。

即发现生产设备的停止"。

为了解决这个问题，部分生产现场配备有被称为"安灯"的、将设备生产的异常情况及时报告给工厂的系统（图1-7）。

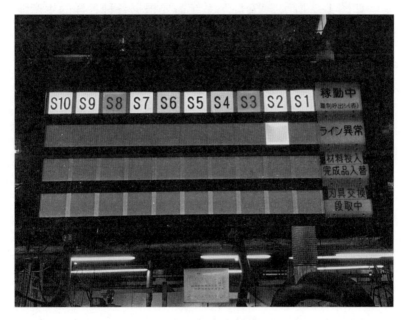

图 1-7 "安灯"系统

图 1-7 展示的"安灯"系统价格高达 350 万 ~ 500 万日元，所以只能用在部分地方。此外，由于系统的设置和设定也需要花费大量的时间和手续费，所以工厂布局变更后，很

多"安灯"系统其实一直处于搁置状态。

"安灯"系统价格昂贵的理由有三个。

① 专用终端显示

如图 1-7 所示,"安灯"系统需要根据各种各样的生产线名称和展示内容等设计定制。也就是说,"安灯"系统的通用性差,工厂一旦发生布局变更,就必须重新定制"安灯"系统。

② 有线连接

有线方式的电气工程费用较高。

③ 高空作业

为了让现场的作业人员能从工厂的各个地方看到,"安灯"系统通常被设置在天花板附近,这也是工程费用增加的重要原因之一。

(2) 将"安灯"系统 IoT 化

基于以上理由,我们公司决定利用研发"可动率监视器"[1] 时掌握的无线电技术自制"信息智能安灯"。

---

① 参照第 1 章 1.3。

基本概要是，"从生产设备取得正常/异常的信号，将该信号通过电波模块发送给使用"树莓派"的接收器，在接收器上连接显示器，便于人查阅显示的信息。

此外，这一次还需要显示"计划停止""调试中""处置中"等"异常停止"以外的系统状态。为此，我们安装了"旋转开关"①，可以从中选择这些系统的状态。

监视器使用的是多台 1.5 万日元左右的廉价通用监视器。我认为不必像以前那样放在高处，只要确保通常的高度就可以了。通过一系列努力，我们用 30 万~50 万日元的费用就构筑起了"信息智能安灯"。

值得一提的是，如果工厂里的烟尘较多，企业一般会选择使用高价的防尘型监视器。但是考虑到性价比，我们还是决定采用普通型号的监视器。迄今为止，没有损坏的情况出现。

---

① 圆柱形的操作轴上附有多个端子，通过转动端子可以多级切换系统状态。

Ⅲ. 如何深化开发的 IoT 系统

1.6 第二代"循环时间监视器"的开发

(1) 重视"提高每小时的产量"

在丰田生产方式中,最为人诟病的浪费就是"做的太多"的浪费,因为生产大量卖不出去的产品只会给公司带来损失。

但是,中小企业往往不能自己决定生产数量,订单来就必须应对。很多时候,订单上的生产数量也不是确定的,通常会有一些波动。订单多的时候,工厂更是必须认真应对。但如果在订单多的时候为配合生产而增加设备,订单少的时候就会面临困扰。

为了解决这两个矛盾的课题,我们将"提高每小时的产量"定为目标，取得了三个成果。

① 削减加班费用

在规定时间内无法完成的订单，一般会安排作业人员加班进行补救。而如果可以提高每小时的产量，就能在规定的时间内完成生产，进而削减加班费用。

② 抑制设备投资

对于加班也无法完成的订单，企业通常会选择增加生产设备的投入。这样一来不但会增加设备投资，还会被动扩大工厂空间。而只要提高每小时的产量，就可以使用现有设备完成生产，不需再增加上述额外的投资。

③ 节约工厂空间

如果能提高现有生产线每小时的产量，就能节约工厂空间。

以往，由于我们没能坚持完成"提高每小时的产量"，在上述三点上多次浪费了成本。这也意味着我们改善的余地很大。

为此，我们将"发现生产线的问题点、制定对策、确认结果，然后进行与下一步行动相联系的'PDCA 循环'，进而'提高每小时的产量'"列为新的目标。

关键，还是在于"IoT"的利用。

（Ⅰ）循环时间有偏差

如前所述，将第一代"可动率监视器"[①]获得的数据活用于"停线会议"，能够大幅减少无用的"停止时间"。但是这一次，又发生了"生产个数"不足的问题。

"生产个数"的计算公式如下：

生产个数＝生产线的运转时间÷循环时间[②]

因此，仅通过"可动率监视器"管理"生产线的运转时间"是无法确定"生产个数"的。随后，我们试着进行调查，结果表明，循环时间偏差是生产个数不足的原因。

于是，我们将"IoT 化"的下一个目标定为"开发能够监视循环时间的系统"。

---

① 参照第 1 章 1.3。
② 参照第 1 章注 1.1（2）③。

（Ⅱ） 发出脉冲的计数系统

系统的构想很快就完成了——只要每生产一个产品就发出一个脉冲，并且按下数字时间戳①就可以了。脉冲的个数等于生产个数，正常的脉冲来的间隔时间等于循环时间。应该来的脉冲如果没来，就视为"停止"（图 1-8）。

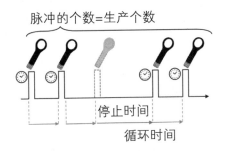

图 1-8　循环时间和停止时间

（Ⅲ） 压低费用的方法

问题是发送脉冲的方法。生产技术人员提出了"购买 PLC②，安装在设备上发出脉冲"的方案。

但是，因为以下三个理由，这个提案被驳回了：

---

① 计算机记录事件发生的时刻。
② Programmable Logic Controller（程序逻辑控制器）的简称，是作为继电器电路的替代装置而开发的控制装置。

① 需要出 15 万日元左右的高价；

② 需要改造设备；

③ 其不支持"昭和机器"(旧设备)。

于是和上次一样，我们在东京、秋叶原购买了合适的传感器，进行了试制。虽然一共买了 38 种传感器，但其实没花多少钱。

此外，借助本次机会，我们将重视的标准之一定为"是否有趣"(即便对结果没有帮助也没关系)，会夸赞"这真是个有创意的想法"。

例如，有员工尝试购买无人机拍摄制造工序，虽然经过评估确定这种做法"实用化的概率不高"，但因为有趣，所以我们仍然予以了鼓励。要想激励员工迸发超乎寻常的智慧，就必须珍惜他们提出的"乍一看似乎没什么用的想法"。

(Ⅳ) 不让传感器进入生产设备

安装传感器的前提是"传感器不能进入生产设备"。

如上所述，在第一代"可动率监视器"中，正常/异常的信号会从生产设备本体向信号塔发出，所以需要把电波模块安装到排线上①。这个信号塔的电压分直流 24 伏、交流 100 伏和交流 200 伏三种。与之相对，电波模块的电路也需要三种。

但是有一天，发生了弄错电压导致电源模块损坏的事故。虽然当时没有影响到生产设备，但却让我们意识到了绝对不能忽视的风险。

因此，研发第二代"可动率监视器"后，为了实现 IoT 化，我们选择不再将模块嵌入生产设备中。

这样一来，即使 IoT 系统发生故障也只会导致生产个数的显示停滞，不会导致生产设备故障。甚至，即使该系统受到了外部黑客侵入，我们也不用担心生产设备被控制。

（V）脉冲的三种取法

现在，"每产生一个产品，就发出脉冲的方法"有以下三种，我们会根据生产设备的特性进行区分使用。

① 读取开关（图 1-9）

常用于确认窗户和门的打开、关闭情况，一边是传感器，另一边是磁铁。磁铁靠近传感器就会生成脉冲，通常是动态

---

① 参照第 1 章 1.3 (3)。

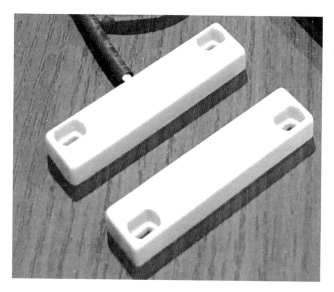

图1-9　读取开关

使用静态传感器——可以在一个产品制造完成时，用双面胶带将静态传感器粘到零部件的动态部位上，如生产设备的安全门、各种气缸和运输部位等。

② 光传感器（图1-10）

亮度提高的瞬间可以生成脉冲。每生产一个产品，信号塔的灯就会点亮和熄灭，可以用扎带①在灯的表面固定光传感器。此外，设备和产品的活动也可能导致亮度发生变化，

① 托马斯和贝茨公司的产品。

光传感器也可以设置在这些地方。

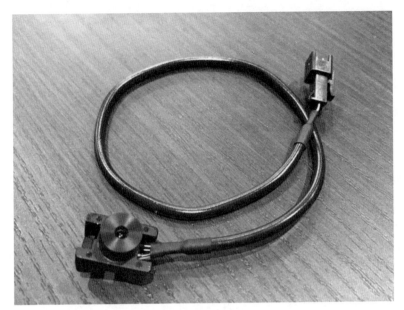

图 1-10　光传感器

③ 从生产设备直接输出

在①和②都难以实现的情况下还有一种方法——直接输入从生产设备上的生产数量计数器中发出的脉冲。

④ 其他传感器

在东京、秋叶原购买的 38 种传感器中，近距离开关等已经确认可以使用，主要还是采取上述①~③三种应对方法。

（Ⅵ）"循环时间监视器"的完成

经历了一系列的过程，我们的 IoT 第二代系统——"循环时间监视器"完成了（图 1-11）。

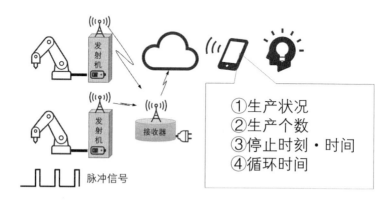

图 1-11　第二代"循环时间监视器"的结构

第二代与第一代的最大不同在于，第一代的"可动率监视器"只会应对正常/异常（on/off）的信号，而第二代的"循环时间监视器"可以在每个产品完成时生成脉冲信号。

（Ⅶ）"看得见的东西"增加了

第一代"可动率监视器"可以实现"可动时间"和"停止时间"的"可视化"，而第二代"循环时间监视器"可以实现：

① 生产状况（运转/停止）；

② 生产个数/可动率（产量率）；

③ 停止时间、时刻（按长度顺序）；

④ 循环时间（全周期间距）等诸多要素的"可视化"。

就这样，我们看到了很多以往没有注意到的数据。

（Ⅷ）意识到的问题

① 早上 30 分钟的损失

2015 年年初，旭铁工的西尾工厂有 6 条生产线正在生产"牵引钩"。从客户给出的生产计划的产量来计算，今后应该增设 2 条生产线，共计 8 条生产线。

但是，我们通过现有的 6 条生产线上安装的"循环时间监视器"发现，早上 5：30 工厂开始启动后，一直到早上 6：00，没有一条生产线能够生产出产品。

30 分钟的 6 生产条线相当于 1 条生产线的 180 分钟（3 小时），这么大的损失，如果没有实现设备的 IoT 化是无法觉察的。以这个结果为基础，我们尝试在早上的生产设备启动方面下功夫，最终将损失压缩到了 2~3 分钟。

② 不易察觉的延迟

在铝压铸的生产线上安装"循环时间监视器"时，测量的循环时间是 42 秒。

负责人说:"不应该是这样啊,这条生产线的循环时间是 39 秒。"但是用秒表一测,果然是 42 秒。

通过详细调查我们发现,在压铸模具上喷离型剂的喷雾器在上下移动的过程中机械状态不佳,结果发生了 3 秒损耗。

算笼统账是不会察觉到这种细微损耗的。"循环时间监视器"刚被装上,优势就马上发挥出来了。

③ 直觉相差两成

在进行成本计算和制订制造计划时,为了计算出需要多长的加工时间(工时),必须明确可动率。

以往,我们无法确认每条生产线的详细可动率,所以通常会按 85% 的估算进行成本计算、制订制造计划。

但是现在,我们可以用"循环时间监视器"进行测算。结果显示:我们公司的生产线可动率最多可以达到 70%,与以往相比有两成的差异。这么大的差异,也难怪每月生产的工时预测不准确了。

④ 明明在生产同样的产品?

我们公司有两条"后盖"生产线,曾有员工提出"今后产量需求会增加,希望能再添一条生产线"的要求。

　　我们为此进行了事前调查，用"循环时间监视器"对着
两条生产线的时间周期进行了测算。结果发现：生产同样的
产品，1 号机的时间为 88 秒，2 号机的时间为 62 秒，存在很
大的差异。

　　原因出在制造设备的"主轴"部分。每台设备有 2 个主
轴，1 号机如果同时使用 2 个主轴，就会出现零件精度恶化
的问题，所以最终只能使用 1 个主轴。

　　进一步调查后还发现：1 号机、2 号机的地板和设备之间
的平台的地基不同。1 号机的直径为 80 毫米，2 号机的直径
为 190 毫米（图 1-12，图 1-13）。地面老化，平台太小无法
承受平面压力，导致机器大幅摇晃，无法驱动 2 个主轴同时
进行加工。

图 1-12　1 号机直径为 80 毫米　　图 1-13　2 号机直径为 190 毫米

通过修理 1 号机的相关问题，我们最终使 1 号机达到了与 2 号机相同的"循环时间"。

⑤ 处于"控制"状态

在对"牵引钩"生产线[①]中最新的"F 线"的程序进行调查时，我们发现生产设备一直处于"缓进（Override）"状态，将生产速度抑制到了80%。

有的生产线不重视"每小时的产量"，甚至连最基本的检查都没有进行。通过 IoT 化，我们可以通过数值而不再是直觉来把握生产线的状态，可以和原本的设备性能进行明确的比较，也可以注意到因疏忽而导致的各种差错。

（2）突出的两个问题

（Ⅰ）"减少停止时间" 或者 "缩短循环时间"

"生产个数"可以用"生产线的运转时间÷循环时间"来计算。为了延长"生产线的运转时间"，可以选择"减少停止时间"或者"缩短循环时间"。也就是说，增加生产个数只需要"减少停止时间"或"缩短循环时间"（图 1-14）。

---

① 参考第 1 章 1.6（1）（Ⅷ）以及 1.7（2）。

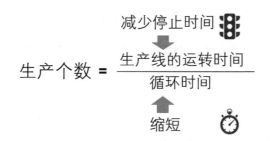

图 1-14　生产线运转的时间与循环时间和生产个数的关系

（Ⅱ）"减少停止时间"从时间的长短排序着手

"循环时间监视器"中，根据时间段、修理时间、日期的不同，停止时间从长到短被列出了 5 行（图 1-15）。

CT监控详情				☒

A生产线/A-06

2018/04/06 05:00:00 ～ 2018/04/06 14:30:00

停止要因信息

排名	发生时间	恢复时间	停止时间	状态
1	09:31:44	10:26:28	54:44	设备停止
2	07:10:55	07:43:17	32:22	设备停止
3	10:44:51	11:00:08	15:17	设备停止
4	11:20:14	11:34:19	14:05	设备停止
5	09:20:19	09:31:44	11:25	设备停止

图 1-15　"循环时间监视器"的显示界面

前面提到的"停线会议"就是在确认了这些数据后，从停止时间最长处开始，对监督人员和操作人员进行调研、制定对策的。

设置变更时间长就缩短设置变更时间，换刀具多就延长刀具的使用寿命、缩短更换刀具的时间，频繁停机就找到并消灭停止因素。

尽管 IoT 化能帮助我们把握生产线的停止时间，但能发挥改善智慧的始终是人，要本着踏实、彻底、坚定的态度去行动。

（Ⅲ）"缩短循环时间"从与加工不相关的部分开始

"缩短循环时间"和通常所说的丰田生产方式的改善活动相同，要从不影响产品品质的门的开关、机械臂的动作等和加工不相关的部分着手。

"缩短循环时间"的方法有多种，如缩短机械臂的动作时间、缩短机械臂的轨迹、变更机械臂的原点位置等。生产线上的人的动作也可以用同样的方法缩短。脚的动作、手的动作、视线轨迹等都可以改善，有些动作甚至可以直接废除。

（Ⅳ）人力无法测量

为了推进改善活动，有必要进行"把握现状→讨论→改善"的循环。

以往，我们公司经常出现"在'把握现状'阶段，做到一半就坚持不下去了"的问题。后来我们研发了 IoT 系统，它可以 24 小时 365 天不间断地自动测定生产个数、停止时刻/时间和循环时间，大幅减轻了现场作业人员为"掌握现状"收集大量数据的负担，并且能让我们立即看到并确认改善的成果。

最终，"讨论→改善"的速度和改善的周期都得到了提高（图 1–16）。

超强现场配合数据运用，会让改善速度加倍！

图 1–16　减轻把握现状的负担，提高改善速度

Ⅳ. IoT 化实现了什么

1.7 本公司成功案例总结

(1) 气门导管生产线

气门导管是用于汽车发动机的气缸顶盖的圆筒状零部件，是我们公司自创业开始制造的主力产品（图 1-17）。我们负责对经由铸铁或烧结生产的粗料进行开孔，以及对其端面和外形进行切削加工。最多的时候，我们一天可以生产 45 万

图 1-17　气门导管

根。丰田汽车在日本国内生产所需的 90% 左右的气门导管由我们公司提供。

虽然产品编号不同，但"循环时间"均为 4.2 秒左右，生产线共有 17 条。后来考虑到这些生产线无法完成订单量，又计划增设 2 条生产线并投资建设 300m^2 以上的大空间。

2013 年我调到旭铁工，生产线停止时是无法立即进行异常处理的。在处理结束之前，不同生产线发生异常的情况时有发生。

为了防止此类问题的发生，我提出"可以缩短循环时间"，但只得到了"以前做过，没什么用""会影响到产品品质"的回复，无论是解决问题的意识还是士气都不高。

"循环时间监视器"[①] 的开发和利用就是在这样的背景下开始的。随后，以制造部长为首的管理中心持续推进"停线会议"[②]，全力发挥 IoT 化的优点，取得了巨大的成果。

现在，生产线异常停止的现象正在逐渐减少。同时，一旦"信息智能安灯"[③] 显示情况异常，领导就会马上到位，使生产线迅速恢复正常。此外，循环时间也从 4.2 秒缩短到

---

① 参照第 1 章 1.6。
② 参照第 1 章 1.4（2）。
③ 参照第 1 章 1.5。

了 3.7 秒，根据产品编号的不同，有的甚至能缩短到 3.2 秒。当然，为了在不影响产品品质的基础上缩短循环时间，我们还在工序中进行了很多改善①。

最终，2015 年 2 月到 2016 年 5 月，我们将平均每小时的产量成功提高了 15%，不增设 2 条生产线也能应对订单量。于是，我们取消了 5400 万日元的设备投资和 300m² 以上的空间建设（图 1-18）。不仅如此，2018 年，还出现了循环时间缩短至 2.9 秒的生产线。

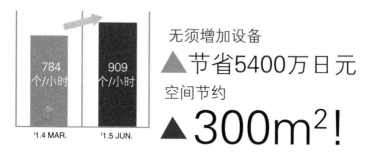

图 1-18　气门导管生产工序的改善成果

---

① 参照第 1 章 1.6（2）（Ⅲ）。

(2) 牵引钩生产线①

牵引钩生产线同气门导管生产线一样，也有增加现场设备的需求。有人提议："目前的 6 条生产线已经不够用了，应该再增加 2 条生产线，一共 8 条生产线。"但是，增设 2 条生产线意味着需要进行"0.7 亿日元×2＝1.4 亿日元"的设备投资、开拓 $100m^2$ 的工厂空间。

对中小企业来说这是很大一笔投资，所以为了重新研究这个问题，我们决定借助 IoT 系统的力量。

"循环时间监视器"的导入是在 2015 年 3 月中旬。当初，每小时的产量②是 107 个左右，有时不到 100 个。后来，我们把每小时的产量目标暂定为 150 个，对配备最新设备的 F 生产线的目标是增加两成，达到 180 个。虽然所有的员工都没有说出口，但他们打心底觉得"这不可能做到"。

（Ⅰ）"以后，我每天都会去！"

这是一个月后放长假前发生的事。当时，改善并没有产

---

① 参照第 1 章 1.6（1）（Ⅷ）。
② 参照第 1 章 1.6（1）。

生想象中的进展。

再这样下去，我们还是得增加设备。于是，我向大家宣布：“以后，我每天都会去！”这表示，除了出差，我每天都会出席早上 9：00 在现场召开的“停线会议”。

出席会议时，我的任务不是进行会议监督，而是和员工一样，提出改善的想法。经营者本人必须提出具体的意见，并且和大家一起出谋划策，而不是空谈抽象的理论，让员工厌烦。不久，员工渐渐有了自己的想法，改善也得以向前推进。

我不懂生产技术，觉得这没什么可担心的。因为无论在什么样的现场，随着对工作的习惯，人都会容易陷入“当下是理所当然的”意识中。对这样的现状提出疑问，找到改善的头绪，发现与质量无关的动作①浪费，外行也许更合适。

例如，面对自动生产线，作为外行，我会在会议上提出以下想法。

① 使机械臂的运动轨迹呈直线

——“为什么要横向移动，然后再向下移动？抄近路不

---

① 参照第 1 章 1.6（2）（Ⅲ）。

行吗?"

② 使机械臂的动作更流畅

—— "改变运动方向时的暂停时间过长。动作确认计时器的时间设置是否过长?"

③ 改变机械臂的等待位置

—— "机械臂等待车床门打开的待机位置较远,如果在门的边缘附近等待,就可以早点进入车床了。"

④ 缩小门的打开幅度

—— "车床门开得太大了。如果减少到机械臂刚好能够进入的程度,就能提前进入车床了。"

(Ⅱ)"大致相同。"

这条生产线上有两台车床。按理说,这两台车床的能力应该是一样的。但事实上,其中一台的动作很慢。于是,我们委托了主管工程师进行程序的比较,得到的回答是:"大致相同。"

这样模棱两可的回答是不可能被通过的。于是,我们将全部程序打印出来进行比较,果然发现了差异。最终,以比较的结果为基础,配合动作快的车床程序,我们将慢的车床动作提升了 2 秒。

（Ⅲ）自己做，改善的速度和水平都会得到提高

刚开始的时候，我们不能自己改变机床的程序，所以不得不委托给了专业厂家。但是，其中耗费的资金和时间不容小觑，大家的潜力也无法被激发出来。于是，我们决定自己学习程序、自己进行修正。

最终，我们不仅提高了改善的速度和水平，还节约了大笔的费用。

（Ⅳ）如何将"切屑卷"清零？

在牵引钩的生产中，有一道"在粗料的前端挑螺纹"的工序。作为前期处理，作业人员必须用车床进行切削作业。有一次，在前期处理发生了铁屑卷在粗料上的"切屑卷"现象，造成生产线停止。虽然实施了吹压缩空气等对策，但仍然没能彻底解决问题。

为了提高每小时的产量，无论如何都要把"切屑卷"问题"清零"。于是，生产现场制定出了让人意想不到的方案，那就是在机械臂上工件移动的路径上设置金属刷，以刷掉切屑（图1-19）。通过这个方法，"切屑卷"终于清零了。

这是为了实现高目标，大家绞尽脑汁的结果。

这个方法也能应用到其他地方。例如，在使用加工中心

图 1-19　现场清理切屑的方法

进行加工时一定会产生毛刺，依靠作业人员手工清除会产生大量时间上的浪费。

　　因此，如上所述的方法一样，在加工中心设置刷子就能解决类似问题（图 1-20，图 1-21）。

图 1-20　用锉刀清除加工
中心产生的毛刺

图 1-21　用刷子解
决切屑问题

（Ⅴ）明确目标和现状的差距

在进行类似的改善活动时，最重要的是"明确目标和现状的差距"。在我们公司，员工充满积极性，6 条生产线的"每小时的产量的最大值""单位时间的产量和可动率的当日最大值"，以及它们的"日期"都被记录在一览表中，张贴在现场（图 1-22）。

图 1-22　为提高积极性，生产现场贴出了一览表
底部记录的内容为"最新目标为 180 个/小时，请全力以赴！"

这样一来，员工能够马上了解目标、自己现在达到了什么样的程度，以及改善的进展状况。

图 1-22 是 2015 年 5 月 19 日的一览表。单位时间的产量

的最大值为每小时 153 个，而单位时间的产量的当日最大值不足 140 个。现在（2018 年执笔时），我们已经提高到了 230 个。

图 1-22 的下方可以看到我写的"最新目标为 180 个/小时，请全力以赴！"的文字。回想当时，恍如隔世。

现在，我们已经不用这个板子了。取而代之的，是与上述目的一致的更先进的手段。

（Ⅵ）就算有人反对，也要显示出来

在工厂一楼的入口附近，设置有"循环时间监视器"的一览显示画面（图 1-23）。

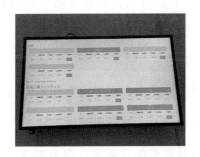

图 1-23 "循环时间监视器"的一览显示画面

显示的目的，是便于员工实时掌握公司内部的生产状况，激发他们的动力，营造创造新事物的氛围。

由于生产线成绩不佳时会用"红色"表示出来，所以当初有很多人不赞成。但我认为，这种"遗憾"的感觉能促进生产现场的改善，所以坚持推进下去。过了一段时间，就没有人再反对了。

等作为监视目标的生产线增加到140条以上、进一步提高系统的认可度后，我们就不再在这个地方使用"循环时间监视器"了。

（Ⅶ）凭武断和偏见决定总经理表彰获奖者

在我们公司，每年1月上旬，碧南总部工厂和西尾工厂会分别组织全员聚会。

而从2016年1月开始，又有了进行总经理表彰的传统。这是我的想法，标准也很模糊。当时，我宣布"获奖者凭我的独断和偏见来决定"。

对于此次尝试，我的态度是：即使不完美，也要试着做。如果不行，就回到原点，或者干脆放弃好了。

第1届总经理表彰的获奖者，是在碧南总部工厂负责气门导管改善并取得巨大成果的制造部部长，以及在西尾工厂负责牵引钩生产线改善的系长（基层管理者）。

这次评选有了意想不到的收获。

其他员工向受表彰的两人询问了获奖理由。

通过这个过程，我的要求在公司内部得到了广泛传播，很多部门都提出了"希望我们的生产线也能配备 IoT 系统"的请求。

但是，这也误解了表彰的宗旨，让人颇感困惑。

我想表彰的不是"导入 IoT 系统的人"，而是"挑战新领域，努力取得成果的人"。于是第二年，我不仅在生产部门，在职能部门也选出了获奖者。

通过这样的改善，从 2015 年 2 月到 2016 年 5 月，在 15 个月的时间内，我们公司成功将每小时的产量提高了 69%。

此外，两条生产线的增设（约 1.4 亿日元的设备投资）终止，公司员工的节假日加班计划也全部取消了（图 1-24）。

循环时间 26→17秒、削减停止时间

产量提高69%

节省设备投资

▲**1.4亿日元**

零加班！

107 个/小时	180 个/小时
'15. FEB	'16. MAY

图 1-24　牵引钩生产线的改善成绩

（Ⅷ）"啊，还会提高的！"

上述成果，可用图 1-25 来表现（按时间序列）。

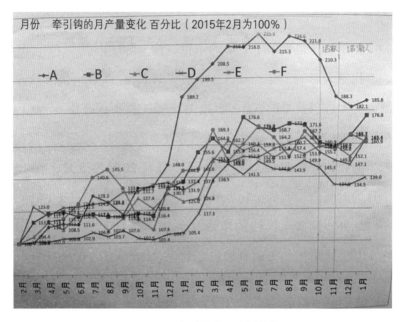

图 1-25　牵引钩的月产量变化

由此可见，2016 年 11 月以后，每小时的产量都在下降。

这并不是因为改善活动退步了，而是因为每小时的产量在增长，但还在按照原先规定的时间段①进行统计。下一步，将负责人从 6 名减少到 4 名也同样可以维持生产数量，在此

---

① 在比规定时间更短的时间内完成订单数量的制造。

基础上提高生产效率是一项全新的挑战。

我对改善领导说："（每小时的产量）稍微有些下降了。"

他回答道："啊，还会提高的!"

这就是利用 IoT 的改善活动取得显著成果后带来的自信。

1.8 本公司取得的成果

(1) 80 条生产线"每小时的产量"的提高率

2018 年 1 月至今，旭铁工约有 140 条生产线安装了监视器。

将其中 80 条生产线的改善成果整理出来，可以得出图 1-26。

横轴是"每小时的产量"的提高率（%），纵轴是生产线的数量。例如，提高率达到 10%~20% 的生产线有 18 条，120%~130% 以上的生产线有 1 条，以此类推。

这 80 条生产线的平均提高率为 34%。如此大幅度的改善成果在我们公司绝无仅有。数字明确表示：没有什么问题。

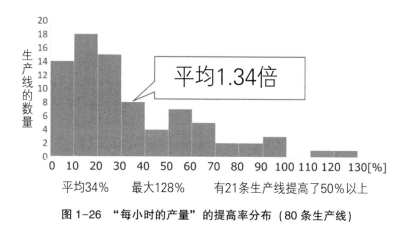

生产线的数量

平均1.34倍

平均34%　　　最大128%　　　有21条生产线提高了50%以上

图 1-26　"每小时的产量"的提高率分布（80 条生产线）

（2）全公司的设备投资削减额

除上述两个案例①外，还有在不进行设备投资的情况下增强生产能力、抑制设备投入的案例，其总额达到了 3.3 亿日元（图 1-27）。

现在，我们公司的员工意识有所提高，已经达成了"在提议增加设备之前，要为提高'每小时的产量'而努力"的共识。在生产现场，也出现了在我了解之前问题就已经解决了的案例，涉及金额共有 4 亿日元。

———————————————

① 参照第 1 章 1.7（1）"气门导管生产线"，以及（2）"牵引钩生产线"。

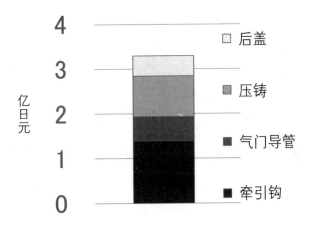

图 1-27　设备投资削减额

(3) 全公司的人工成本削减额

通过提高"每小时的产量",我们公司还大幅削减了人工成本。

图 1-28 显示的分别是 2015 年、2016 年、2017 年我们公司的月销售额与人工成本之间的关系。销售额同样的情况下,可以用更少的人工成本投入生产。我们每年都会画一条近似的线,以 2015 年为基准,2016 年、2017 年的人工成本都在肉眼可见地大幅下降,每年能节约 1 亿日元以上。

图1-28　2015—2017年月销售额与人工成本

(4) 现场传来的三种声音

针对装有监控器的 104 条生产线，参与过 IoT 化的员工提出了很多改善意见。这些意见的立足点大致可以分为"大幅减轻测量需要花费的精力"和"看到原先看不到的"两种。有些员工甚至表示自己"从这两个方面学到了很多"。

① 大幅减轻测量需要花费的精力

"立刻就能掌握现状、确认效果，所以可以顺利缩短读取时间。

"以前我必须亲自站在生产线旁边用秒表测量，现在不需要这么做了，我觉得非常轻松。

"马上就能了解到自己负责的生产线的实力（'设定循环时间'和'实际循环时间'的偏差）。

"因为经常要收集数据，所以即使被要求马上确认数据，也不会慌张。"

② 看到原先看不到的

"事实证明，循环时间的偏差比我估算的结果大得多。

"我看到了仅靠人工记录无法掌握的生产线停止状况。

"无论在什么地方，我都能掌握设备的状态。

"我能看到辅助工作的波动情况。

"我发现了早晨开机状况不佳的原因（不是人的原因，而是热机运转等容易导致循环时间下降）。

"我发现不同时间段（休息后或结束时）的循环时间有差异。"

③ 从这两个方面学到了很多

"刚开始改善活动就能逐一观察到数据的变化，我觉得很有趣，也很受鼓舞。

"交接工作的作业人员可以相互比较数据，有利于激发上进心。

"因为可以参考其他部门的数据，所以会萌发竞争意识。

"和其他部门共享改善信息，促进了改善活动。"

就这样，通过实践 IoT 化，我们减轻了现场作业人员的负担，使以往难以察觉的问题成功实现了"可视化"。我们吃惊地发现，在这个过程中，我们竟然顺利达成了提高生产效率的目标。

(5) 本公司成功实现 IoT 化的关键因素

为什么我们公司会发展得这么好呢？
我们进行了如下分析。

(Ⅰ) 目的明确

第一，我们没有莽撞地开启 IoT 化，而是明确了其中的目的：通过 IoT 化完成数据收集自动化、加快改善的速度，进而提高每小时的产量。

像这样明确而具体的设计目的是成功的首要原因。

（Ⅱ）重视操作

第二，如前所述，IoT 系统的引入不是"目的"，而是"手段"。我们致力于构筑符合生产现场规模和用途的最小系统，并且重视操作。

经营者容易陷入"实现 IoT 化就是要投入大量的预算，购买功能强大的设备并进行大规模的使用"的误区，进而导致失败。

事实上，现场只会使用到比经营者想象中更简单、更省力的设备，和投入的费用没有关系。

要从简单的小事情开始。为了让大家能在现场积极使用 IoT 系统，要舍得下一番功夫，慢慢推广。

（Ⅲ）把收集的数据种类控制在适当的范围内

第三，是要把收集的数据种类控制在最低限度。

其实，我们的生产技术人员原先也提出了收集其他数据的建议。但由于增加数据收集的种类会花费比预想中多得多的费用，所以我们没有通过这个议题。最终，根据目的，我们选择了收集必要的、最低限度的数据[①]。

尽管如此，我们依然取得了很大的成果，也了解到了很

---

① 参照第 1 章 1.3（2）④。

多被隐藏的事实。

1.9 让成本"可视化"

"每小时的产量"的提高直接削减了设备投资和人工成本，也间接给公司内的各个部门带来了正面影响。

（1）看不到成本

在资金的支出方面，改善活动有效提高了员工的成本意识。而在资金的流入方面，改善活动还掀起了"销售"的意识改革。

关于这一点，我们首先让营业部主导，精准落实了"对主要零部件的成本和售价进行比较"。

结果，我们发现很多零部件的效益并不好。

首要的问题是"看不到成本＝不知道问题点"。因为看不到成本，所以没有人意识到盈利能力的问题。这就意味着，即使公司内有亏损项目，也没有人去考虑对策。

（2）为检查成本进行的组织机构改革

首先，我们需要选定负责人。为此，我们在营业部内重新设置了成本检查负责人岗位。

但是，营业部是负责提高销售额的部门，这样做会有很多和成本检查职责利益冲突的地方，人情肯定会导致检查弱化。实际上，营业部内的成本检查也的确很难发挥作用。

于是，我们决定脱离营业部，重新创设成本计划部。

该成本计划部计算出了更准确的成本。在进行计算时，"循环时间监视器"得出的"每小时的产量"、"循环时间"和"可动率"的数据发挥了巨大作用。从工时到生产线的能力、现状和改善目标都很明确。

为了在公司内部共享计算出来的零件成本，我们决定召开成本计划会议。

会议邀请了营业部、制造部、生产技术部、品质保证部等相关部门参加。成本计划部会就某时段的零件成本、售价和差值提交报告，提出改善额度的粗略分配意见。以该提案为基础，各部门会进行讨论，明确公司应该采取的应对措施。

通过共享想法和具体目标，各部门都能负起责任来完成业务。这看起来是分内的事情，但惭愧的是，我们公司此前从未做到过。

1.10　第三代以后的开发

（1）对其他公司或许也有帮助

到了 2015 年年末，使用 IoT 系统的改善活动取得了巨大成果。于是，我想：既然我们公司能取得这样的成果，那对其他公司或许也有帮助。

当然，想让其他公司使用还需要进一步强化系统。例如，我们发现的问题有：

① 因产品编号变更导致循环时间不同的情况下，还需要改写系统内部的值；

② 同一生产线无法按产品类别统计；

③ 无法获知发射机的电池余量，往往要等电量耗尽才能发现；

等等。

这些都是公司内部提出的改善要求，是必须在提供给其他公司之前就要解决的问题。通过改善，我们进一步提高了系统使用的便利性和相关功能。

(2) 面向企业的开源代码软件①的采用

到第二代为止，系统开发全部在我们公司内部进行。但考虑到要向其他公司提供，为了满足更高的要求，还需要积极跟进最尖端的技术并确保高度的安全性。由此我们判断：和专业企业的合作是不可或缺的。

因此，我们决定将系统开发委托给美国软件公司，这是一家为企业开发开源代码软件的领先企业，自 2016 年年末开始，我们一直在与该公司合作。

以系统外包为契机，我们采用了 RPA② （Robotics Process Automation，机器人程序自动化）软件。

我们要求系统必须具备"准确识别出生产线上的变化"和"在不限制生产线数量的前提下掌握情况"的功能。

为了达到这一目的，我们对很多企业已经习惯使用的 Excel 表格进行了设定，并且采用了可以快速进行判断的规则

---

① 开源代码软件，一般指公开的，可以使用、修改、再颁布的软件。
② 指活用规则引擎、人工智能、机器人学习等识别技术，实现业务的高效化和自动化。由于能补充完成人类工作，也被称为"虚拟脑力劳动者"和"数字劳动者"。

引擎（红帽决策管理者）。

通过一系列的导入，在"判断""检测"阶段，我们轻松加入了生产线管理的必要知识，为企业搭建了可代替人的、高效且能自动执行的机制。

此外，我们还运用DevOps①的方法，试图在一两个月内谋求系统的改良。这与我们以往重视速度和积极引入新事物的做法非常匹配。2016年年初开始，系统迈出了名为"Step1"的第一步。从2018年2月至今，改良已经进行到了"Step13"。

我们认为：即使没有业绩也可以尝试去做。

由于迅速采用"集装箱"②的操作系统方式，且重视积极引入新事物，我们公司最终取得了成功。

此外，我们还在进行世界上首次用于制造业的软件技术的开发挑战，如实现不依赖于特定环境的多云等。

但是，出于监视台数增加等原因，作为第二代接收器的"树莓派"③能力不足。最终，我们决定采用柱状个人终端

---

① 根据Development（开发）和Operation（应用）创造出来的词，是指过去由不同立场的开发部、应用部、品质保证部联合起来开发软件的方法。可以小单位开发、试用、改良，且能快速循环，可提高开发速度。
② 在操作系统上构建一个隔离于其他进程的应用程序执行环境。
③ 参照第1章1.3（4）。

"Stick PC"[①]（多用于网络视听）。

(3) 构成和追加功能

我们对硬件的系统配置没有做出什么调整，但是对软件进行了大幅度的修改。这就是我们 IoT 系统的"第三代"。

第三代追加的主要功能，如图 1-29 所示。

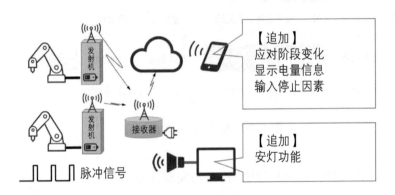

图 1-29　第三代系统的构成和追加功能

（I）循环时间的实时显示（图 1-30）

最新产品在前一个产品开始的几秒后完成，实时显示以 1% 秒为单位。

----

① 柱状的计算机，用于收看网络电视。

图 1-30　循环时间的实时显示

① 最终目标是轻松、快速地完成作业

发生在压铸件的"毛刺"会先由人工用锉刀锉掉，再通过目视进行检查。因为是人工形式，所以工作时间会有偏差，作业人员每完成一项操作，所需的时间都会显示在显示屏上（图 1-31）。

这样做的目的，是让"循环时间的实时显示"功能发挥"起搏器"的作用。这个目标实现后，操作人员的时间意识提高了，产量也提高了两成。

图 1-31　每完成一项工作所花的时间显示

在我们公司，像这样通过提高作业人员的时间意识提高产量的例子还有很多。

当然，原本我们研发系统的目的并不是辅助作业人员的工作，而是找出难做的工作，轻松、快速地完成它。

最终，该生产现场成功改变了布局，"循环时间"从 20.4 秒缩短到了 14.0 秒，可动率也从 77% 提高到了 83%。当时我们预计：每小时的产量将从 135 个上升到 213.4 个。

② 作业再快也能成为检查的对象

当然，作业时间并不都是"越快越好"。

例如，"不能只图快"的典型作业是目视检查工序。检查的方法和顺序都是有严格规定的，如果作业比平时结束得快，就意味着有地方跳过或者不遵守程序。

在我们公司的系统中，全部的作业时间都会被记录下来，其偏差也会被"可视化"。因此，一旦检查工序出现问题，我们就会立即发现。此外，系统中还安装有"作业时间比规定时间短的情况下发出警告"的功能。

（Ⅱ）产品编号切换功能

以往，每当计划变更需要改变产品编号时，我们都会改写系统内的循环时间的值。由于这项作业很难在现场进行，所以常常成为作业的障碍。

研发第三代系统后，我们终于可以在作业现场通过触摸屏执行相应的操作了。

（Ⅲ）电池余量显示（图1-32）

第一代、第二代系统因为无法显示发送器的电池余量，所以电波发送之前，我们没办法注意到电池已经没电了。而第三代系统可以用图形显示电池余量，帮助我们在电量耗尽之前进行更换。

图1-32 电池余量显示

（Ⅳ）兼容"安灯"

第一代和第二代系统中，"循环时间监视器"和"信息智能安灯"是独立装置。这意味着，如果一条生产线要同时使用这两个装置，就必须配备两个发射机。到了第三代系统，则可以兼用一个发射机（图 1-33）。

图 1-33 "循环时间监视器"和"信息智能安灯"的功能整合

此外，由于第二代系统的"信息智能安灯"没有将信息上传到互联网中，因此需要在工厂内配备专用接收器。而从第三代系统开始，相关数据可以上传到互联网中，只要有网络连接，哪里都可以确认、显示信息记录。

（4）第四代系统后的开发

第三代系统进行了软件更新，第四代系统则主要追加了以下 4 项功能。

（Ⅰ）统计处理

① 分离循环时间的延迟和停止

到第三代系统为止，我们一直是根据规定时间段中的时间段长度和生产个数来计算平均的"循环时间"的。

而且，我们所说的"可动率"的数据，实际上是指"原本的循环时间能够100%开动时的生产个数和实际生产个数之比"。精准的说法，其实应该是"产出率"。

从这些理由来看，如果生产个数较少，会出现分不清其问题出在生产线的停止时间还是循环时间的情况。

例如，图1-34中的A、B的生产个数都是4个。但是，A的问题是生产线停止，B的问题是循环时间延迟。单纯比较平均值的话，两条生产线的产出率是相同的。而为了发现差异，我们必须追踪每一个产品的生产时间的数据。

为了消除这个缺点，第四代系统改变了计算逻辑，使其能够显示出图1-34情况下的循环时间和产出率的差异。

例如，在图1-34的例子中，设定的循环时间是10秒的情况下，可以显示出如下变化。

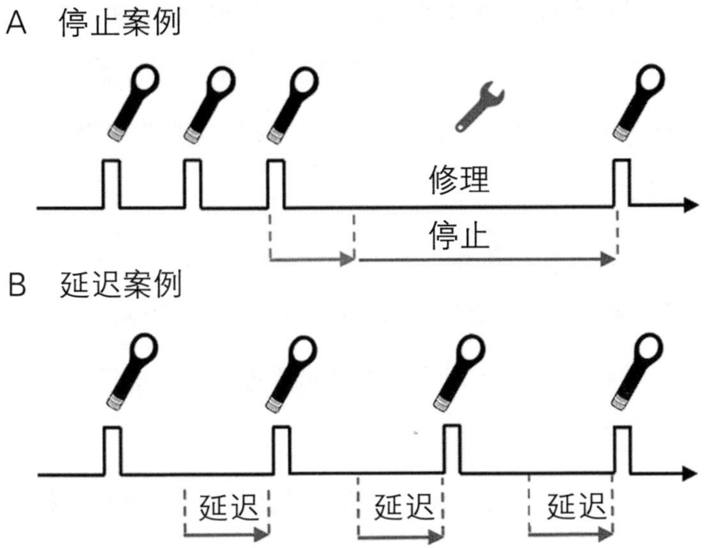

A 停止案例

B 延迟案例

图 1-34 生产个数减少的两个原因

【旧】"A、B 循环时间为 20 秒，产出率为 50%"

【新】"A 的循环时间为 10 秒，产出率为 50%"

　　　→知道是受生产线停止的影响。

　　　"B 的循环时间为 20 秒，产出率为 100%"

　　　→知道是受循环时间延迟的影响。

② 循环时间的偏差

定量评价循环时间的偏差，通过图表等进行"可视化"，可以促进以循环时间的偏差为评价指标的改善活动。

但是，在没有 IoT 系统的情况下，"手动测量循环时间→手动输入 Excel 表格→绘制图表"的过程需要花费很多时间，不实用。

我们研发的系统中，第三代已经可以实现"自动测量循环时间→将画面复制粘贴到 Excel 表格中→绘制图形"了。与以往没有 IoT 系统的操作相比非常省力，对推进改善活动也发挥了很大的作用。

在第三代之前的系统中，我们需要在个人计算机上执行复制、粘贴等操作，使用起来非常不方便，亟须改善。于是，第四代系统配备了数据自动图表化的功能（图 1-35）。

（Ⅱ）向可穿戴终端发送通知

第三代系统配备有"安灯"功能。有意见认为，无论是在工厂内部，还是在保障部门的房间里，都应该设置信息显示器。

然而，该提案一经提出就被保障部门否决了。他们认为负责维修的保障部门的人员几乎都不会待在房间里，而且连接智能手机也很不方便，毕竟在维修过程中是不会启动智能手机的。

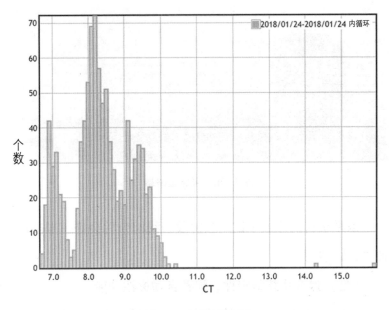

图 1-35　CT 分布图

"如果在任何地方都能看到信息，那一定很方便吧！"这
种观点不过是纸上谈兵。

但是，保障部门的确有必要尽早知道"哪里出了问题"。
于是，我们建立了"将设备停止信息发送到苹果手表等可穿
戴终端中"的机制（图 1-36）。

可穿戴终端在接收到设备停止信息后会发出震动通知，
显示停止问题发生的方位等信息，进而缩短作业时间。

图 1-36　可穿戴终端

　　该系统目前还处于试用版阶段，我们今后会进一步改良，使之正式启用。

（Ⅲ）提升系统稳定性、配备自动标注功能

　　2017 年年初，我们开始向其他公司提供上述服务。

　　本以为已经在公司内部积累了丰富的经验，但随着初期数据通信量的增加，系统死机和瘫痪的情况却开始反复发生。

　　原因之一，是我们公司除了系统的稳定性外，还把重点放在了先进性上。当然，通过这一"挑战"，我们积累了只通过追求稳定性无法获得的诀窍。现在，我们公司的系统处于世界最尖端技术的领域，并且具备非常高的稳定性。

　　而作为最尖端技术之一的"云计算平台服务（Open-

Shift)"① 也被植入了系统。

通信量增加带来的故障是随机发生的,每次调试或改变云的构成都颇费工夫。我们担心,长此以往,它会成为强加给客户的巨大负担。

于是,我们采用了"云计算平台服务"技术,其可以根据负荷的增大自动缩放。今后,我们计划依次切换系统。

(Ⅳ) 海外应对

我有三年驻澳大利亚的经验。虽然澳大利亚和日本之间的时差很小,但要减少信息传递所需的时间、确保准确性,也很费劲。

同时,我们公司和泰国子公司之间也有同样的问题。

我曾去过泰国子公司出差并视察现场。中午 12 点午休之前抵达生产线后,我发现生产管理板上有 10 点、11 点、12 点三处空白,作业人员并没有遵守每小时记录生产个数等数据的规定。

我观察了一会儿,发现有一名女性员工一次性填补了这三处空白。12 点的数据暂且不论,10 点和 11 点的数据肯定是不准确的。

---

① 红帽公司提供的新二代平台。

进一步调查后发现，不仅生产现场的员工，该公司的各个方面都尚有改善的余地。

例如，生产线内没有配备钟表。这样一来，即便要求作业人员在规定时间内填写数据，他们也不可能做到。如果让作业人员自己下功夫，他们应该会有办法，但把压力强加到现场的做法对公司而言并无益处，因为这是架构的缺陷。

于是我决定，泰国子公司也要像日本的工厂一样，自动收集数据。

导入系统时，虽然经历了每个国家都有的取得电波认证等烦琐手续，但好在企业已经开始顺利运转了。今后，我们计划根据需求随时取得相关认证。此外，2018 年，iSTC 公司与泰国王国工业省签署了备忘录（MOU：谅解备忘录），旨在"引进和开展 IoT 监视技术，为提高泰国中小企业的生产效率做出贡献"。详细内容请参考第 3 章 3.1（3）（V）。

（V）第五代系统的开发—— AI×生产大数据

我们系统的特长是：能够将数据和现象联系起来。

在旭铁工的生产现场，我们夜以继日绞尽脑汁地解决实际问题（现象），并通过从零开始对 IoT 系统进行定量分析将这些经验积累了起来。不仅是我们公司，在制作其他公司的

"生产线诊断报告"① 的过程中，我们也能收集到大量的数据。

久而久之，我们可以推测出"出现某种数据时，发生某种现象的可能性很大"。

此外，总有一天，AI 会代替人进行生产的大数据分析并自动发出警告。这个系统，就是不久的将来我们要实现的目标（图 1-37）。

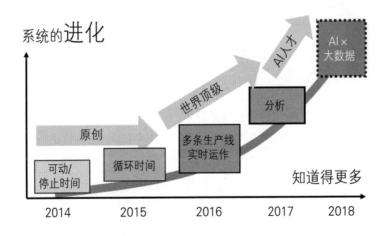

图 1-37　进化的蓝图

① 参照第 3 章 3.3（5）。

现在，我们公司的人工智能研究人员正在为了达成这个目标而全力展开工作。

第 2 章

IoT 与人的联合

Ⅰ. 依靠 IoT 化获得新的企业习惯

2.1 操作方法

"停线会议"① 和 "社长表彰"② 前面已经说过了，而操作方法还有很多值得探讨的地方。可以说，操作方法是 IoT 化成功的关键。

值得一提的是，在这个过程中，公司的员工意识和企业氛围也会发生很大的变化。

(1) "不是能达到的目标，而是必要的目标"

例如，我们公司利用第 1 章提到的技术完成了 "生产线远程监视系统" 的开发，并开始向其他公司提供服务。

---

① 参照第 1 章 1.4 (2)。
② 参照第 1 章 1.7 (2) (Ⅶ)。

该系统能对生产数量和停止时间等现场必要信息进行实时自动监测和"可视化",达成了"循环时间监视器"和"信息智能安灯"的功能整合。

我们使用该系统的目的,是提高高负荷生产线每小时的产量、解决休息日的加班问题,以及抑制追加的设备投资。

到目前为止,无论企业身处何地、规模大小皆可运行本系统。

我们公司的特点,在于目标的设定。

我们设定目标时,标准不是"能不能",而是"是否有必要"。

也就是说,如果通过计算得出"取消休息日上班和加班问题,需要做到每小时的产量达到180个",那么即使这个数字与实际相比实现的可能性较低,我们也不会修正目标。

以往,我们公司设定目标的标准不是"是否有必要",而是"能不能"。结果,我们怎么也找不到新的思路。

生产设备的 IoT 化,是帮助我们找到必要目标并在达成目标之前持续进行思考的强有力的支撑工具。

(2) 善于表扬,促进活动的活性化

使用该系统可以帮助我们掌握生产线细微的优点和缺点。

值得一提的是，如果经营者和负责人只会一味地指出缺点，强调"改善吧，努力得还不够"，敲打现场，反而会导致改善活动停滞不前。

所以，经营者和负责人要善于"表扬"。

首先，要关注好的方面。

最简单的案例，是"循环时间"的检查。

图 2-1 左侧的 CT 是被设定的循环时间，右侧的 AVG、CT 是不会导致停止的实际循环时间。从中可以看出，循环时间缩短了 0.5 秒。

图 2-1　循环时间缩短了 0.5 秒

确认数据时，首先请注意这里。如果发现循环时间缩短了，要立刻去现场询问："你们改善了什么地方？"一次两次效果可能不明显，但请持续重复这个动作。

这样一来，现场的员工就会想着"社长差不多要来了"，高兴地准备做改善要点的说明。"原来如此，干得好！谢谢！"夸奖，会让生产现场更加积极地进行改善。

像这样，经营者和负责人仔细查看数据并将其传达给生产现场是非常重要的。以我的经验来看，部长和科长频繁出入现场，会极大地促进受到表扬的生产线的改善。

（3）留下足迹

在生产现场，经营者、管理者与员工直接进行交流是最重要的，至少要在现场留下足迹。

上司要来了！这种想法能给予员工很大的刺激，还会吸引很多原本不在现场的员工前来。

为此，我买了一套如图 2-2 所示的图章，上面分别写着"很好""好""普通""努力""更加努力"。如（2）中所述，如果只是为了"夸奖"，只能使用"很好"和"好"。

盖章的对象范围很广，有安全板，也有改善的成果。觉得"不错"时盖个章，非常应景。

（4）留下评论

说完（3），再进一步讲讲我们公司的西尾工厂的案例。

图 2-2　为留下痕迹买的一套图章

在西尾工厂的生产现场贴有表示"改善后"和"改善前"的循环时间偏差的直方图。循环时间的平均值从 25.4 秒提高到 24.4 秒的同时，偏差也变小了，这是积极推进改善活动的证据。我在那个直方图上盖上了"很好"的印章（图 2-3）。

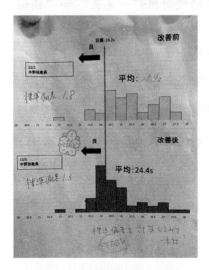

图 2-3　表示偏差的直方图

此外，我还在直方图的右下方留下了"试着计算标准偏差，STDEV（均方差）木村"的字样。

"STDEV"是计算标准偏差的 Excel 函数。标准偏差越小，数据分布的偏差就越小。

在我点评后不久，该直方图上就出现了"标准偏差 1.8""标准偏差 1.3"的备注信息。这肯定是现场的某个人迅速计算出来的。

说话不等于交流。通过简单的评论，可以让我们心灵相通，互相传授一些知识。

(5)"成长的横向推广一览表"和"横向推广人"

我们公司过去并不擅长"横向推广"①。

负责人虽然理解，但没能成功实现知识共享，成了提高改善速度的障碍。

为了消除这个障碍，我想到了"横向推广一览表"和"横向推广人"。

所谓"横向推广"，就是将各条生产线的改善成功案例

---

① 横向展开的略语，指把某个部门的决定、成功的事例和技巧在不同部门及公司内部全员共享的想法。属于丰田汽车公司的常用语。

进行清单化。

我在计划改善的项目上率先尝试了"横向推广一览表"中登载的事例和项目。这样做能够促进经验共享，也可以防止应用泄漏。

当然，新的成功事例也会被添加到一览表中。改善小组将这个目录称为"成长的横向推广一览表"，作为公司的重要财产予以认真保存。

所谓"横向推广人"，是基于"成长的横向推广一览表"，为了提高公司全体改善活动的速度而被选出的成员。以这些成员为中心，"表"的管理与运用，在现场的各种管理板、单据及其运用方法都会彻底传播到公司内部的各个角落。

(6) 创造勇于挑战的企业风气

我在 2.1（1）中提到，过于固守以往积累的经验，无法给公司内部带来巨大的变化。

"创造富于挑战的企业风气"，非常重要。

为了达成这个目标，我遇到每件事情都会强调："失败没关系，只要不受伤。"

曾经有个工程师说："如果再加快加工速度，机器的刀具可能会坏掉。"我愤怒地对他说："你就不能先试一下，看看什么程度会让它坏掉吗!"

此外，即使员工提案缺乏细节，只要提案本身有价值，我就会鼓励他："好，就这么办!"如果经营者和负责人都拘泥于庞杂的细节，那什么改善都完成不了。

还有，员工最害怕的是被指出细节上的缺点，这会阻碍他们再次进行提案。

所以，"先试试看"!

我认为，经营者和负责人是否具备"挑战"意识，是改善活动能否成功的关键。

为了"创造勇于挑战的企业风气"，我们每年都会确定口号并张贴在生产现场（图 2-4）。2015 年，我们的口号是

图 2-4　每年都设定口号，贴在车间里
2017 年的口号是"向新事物发起挑战"。

"向变革发起挑战"。2017 年，我们的口号是"向新事物发起挑战"。2018 年，我们的口号是"创造差异化"。

(7) 早决定、早开始

（Ⅰ）判断要快

要想提高改善的速度，经营者和负责人必须先提高判断的速度，尽量做到避免拖延、当场决定。

无论怎样思考，结论都不会有太大的改变，这样的情况有很多。有些人不进行细致调查就无法做出判断，但我的主张是不去调查那些重点以外的小事。毕竟，只要有充分的信息，谁都能做出适当的判断。而且，经营者和负责人的职责之一，就是能在信息不充分的前提下做出判断。此外，如（2）和（6）中所述，有想法，首先要试着做一做，不要追求完美。只要有"是不是这样啊"的念头，我就会马上付诸行动。

（Ⅱ）交流，也要重视速度

我们交流一般习惯使用邮件。但由于偏重商务用途，写邮件的速度会变慢。为了更频繁、更轻松地进行交流，我们开始尝试使用交流工具"LINE"和"Slack"① （图 2-5）。

---

① 面向商业的团队交流工具。

图2-5 为使交流更顺畅，使用邮件以外的工具

　　我经常使用可爱的印章，妻子惊讶地问我："总经理可以用这样的印章吗?"事实上，这种做法比对着电脑打字更快，使用图章和表情符号，意图也能更准确地传达出来。

(8) 订货、商谈要"当场"进行

　　不仅在旭铁工，在 iSTC 公司①，如果会议中有什么需要，

---

① 参照第 3 章 3.1。

都可以马上在亚马逊（Amazon）上搜索、订货，不需要有会签表①。

当场付诸行动是非常重要的。有一次，我在名古屋和客户吃饭。客户问道："我想用无人机巡视工厂，要花多少钱呢?"我当场用 Messenger② 联系了在经营无人机的风险企业任职的后辈，询问了价格。

结果，由于条件不充分，我们没能交涉成功。饭没吃完商谈就已经结束了，这个工作速度让客户非常吃惊。但在我看来，这些都是常规操作。

当然，偶尔也会失败。之前，我们在宴会中谈到了特斯拉公司制造的电动车"特斯拉模型 3"③，趁着酒劲，我从网上预约订购了一台……

---

① 参照第 2 章 2.3（2）。
② 大型社交网站 Facebook（脸书）下属的社交应用程序。
③ 美国特斯拉公司制造、销售的轿车型电动汽车。

II. 改善企业风气

2.2 管理、风气

(1)"不用解释，说说接下来要做什么吧。"

本书从第 1 章开始就强调要改善、改善。

因为前不久，我们公司还是个老旧的、到处残留着不合理规定的、不景气的弱小公司。

可以说，改善活动的终极目标，就是净化这样的企业风气。

例如，我们公司会举办由部长以上岗位出席的经营计划会议。工作调动没多久，我就参加了这个会议，吓了一跳。

报告的内容五花八门，在没有资料和思想准备的情况下，大家都只是随便说说，找个没有做好的借口。周围的人也只会对那些借口做些评论，拿不出任何富有建设性的提案。

于是，我首先设定了资料的固定格式。

这个格式分条列出了上个月做过的事情和这个月要做的事情。我向出席会议的人强烈提议："不用解释，说说接下来要做什么吧。"

要想"说说接下来要做什么"，就必须调查业绩、分析现象。仅是决定这样做，会议就已经开始在向好的方向转变了。

(2) 表达的方式"简单"且"易懂"

值得一提的是，虽然当时我们有公司方针和部门方针，但内容大都是对上一年方针的修正，甚至只是在模仿丰田汽车的格式。

写有方针的纸张 A3 大小，张数很多，不仅主张不明确，公司方针和部门方针之间的联系也不清晰。说白了，它没有存在的必要。

于是，我对这个问题也进行了改革。

公司方针、部门方针、科室方针被集中整理到了一张 A4 纸上。因为只有一张，所以要点必须准确、简单。由此，我将其取名为"三支柱"，用于集中记录重点。

同时，每年年初，我们公司有全体员工聚在一起举行年初仪式的惯例，总经理要发表讲话。但由于讲话内容抽象且不够具体，所以后来这一项被废除了，取而代之的是使用PPT显示关键字，总经理只需说明"公司的现状"和"今年想做的事情"（图2-6）。

图 2-6　用 PPT 显示关键字，进行说明

就这样，我们公司的格言变成了"表达要尽可能简单、易懂"。

我认为，无论一个人说得多么好，别人听不进去就没有任何意义。最近，很多员工都注意到了简单、易懂的重要性。在发言和报告中，他们提出了很多关键词和口号。

(3)"现在开始整理":贴上红胶带后扔掉

需要改革的,不只是会议和表达。

现场的整理整顿也是亟待解决的课题。

我们公司西尾工厂的二楼是生产技术部门的区域。以往,那里堆满了根本派不上用场的书籍、文件和零件。

"请马上清理!"说了几次也没有人去收拾。

仔细想来,这是一项非必要不紧急的工作,所以无论我怎么着急上火,也不会有人付诸行动。最重要的是,我发出的指示里没有点明具体的期限和责任人。

于是,我喊了声"现在,请马上开始清理",推动在场的所有人都动起来。

同时,我拿着红色胶带在公司里来回踱步,将其贴到那些无用的设备上,然后对全体人员说:"如果有人需要用贴有红胶带的设备,就在上面贴上白胶带,写明'谁''在什么时候之前用'。"而那些没有贴上白色胶带的设备,将被直接废弃。

一旦开始整理,就会不断出现"这个不要,那个也不要"的无用物品。公司内部的整理整顿工作,开展得比以往任何时候都要好。

使用红色胶带的改善活动由一个特定组织完成。该组织会组建课长及以上级别的成员巡视公司。最终，虽然不能说彻底完成了任务，但还是清理了 13 辆 2 吨卡车体积的大量垃圾。

现在，制造部也开始主动进行检查了。所以，公司内部的情况也和以前不同了。

2.3 着手改善经费

（1）一次谈判，削减 100 万日元的经费

经费也在改善范围之内。

某天，我检查了外部采购所需的所有会签表。因为我认为，公司内部的整理整顿没有做好，很可能会产生额外的违规和浪费。

其中，旨在促成"ISO 规定的噪声测量工作的外包"的会签表格外引人注目。从到我们公司进行测量的时间和人员来看，费用似乎过高了。我查阅了一下报价单，发现其他公

司的价格只有这家的 1/5 ~ 1/3。于是，从下一次开始，我把
进货方换成了报价更低的厂家。

还有其他案例。

当时，我们公司的 20 多部公用手机都是从某汽车经销商
处购买的。于是，我叫来该经销商负责人进行交涉："你不降
价，我就全部换成其他运营商的。"最终，降价谈判成功，根
据合同，我们一年能节省 100 万日元的经费。

此外，针对公司用车的汽车保险、建筑物的火灾保险，
我也削减了不必要的保险项目。通过修改合同内容，我们每
年能减少数十万日元的经费。

(2)"寻找全网最低价格"：检查所有的会签表

根据公司规定，作为总经理，我只需要检查 10 万日元以
上的会签表。但我认为有必要重新考虑这一规定，所以对不
到 10 万日元的会签表也进行了检查。

当然，我不会盲目地用"价格再低点儿"来训示自己的
部下，而会自己动手搜索以亚马逊为首的网上销售价格，比
较其中的价格和条件。

在这个过程中，我发现了很多比会签表上标注的价格更

低的物品。于是，我把画面打印出来，退给了拟制人。

由于我的反复强调，现在，我们公司的员工已经养成了先调查网络最低价，再提交会签表的习惯。而我，基本不用再进行网络搜索了。

(3) 改善的过程中，起波澜很正常

因为历史悠久，我们公司存在很多交情深厚的"老朋友"。通常，出于情谊，即使这些合作伙伴给出的价格比其他公司高，我们也会进行采购。

当然，前提是可以进行谈判，要求降低价格。如果不满意，我们依旧会选择从其他公司购买。

例如，工厂中使用的起重机等大型机械，通过更换供货商就能以便宜数百万日元的价格购买到。

这项改革里没有"特例"。对于那些没有人愿意涉足的与亲属公司之间的交易，我们也会果断进行降价谈判或终止交易。

当然，周围有很多反对的声音。有赞成，就有反对。我会大声表态"起波澜是很正常的"并切实落实改革策略。

2.4 创设改善的核心团队"制造改革室"

(1) 制造改革室的创设

如上所述，从丰田汽车调动到旭铁工后，我发现了很多问题，并为了对这些问题进行改善而不断努力。

但是，利用在生产调查部学到的经验来推进改善，一个人能做的事情是有限的。于是，我决定招募协助改善活动的伙伴。

首先，我聘请了一位在丰田汽车生产调查部工作时和我在同一小组的、传授给我很多知识的老前辈为顾问。他对丰田生产方式的理解很深刻，改善经验也很丰富，整个改善活动的推进可以放心地交给他。

之后，通过这位前辈的介绍，我又聘请了对刀具和改善等具备专业知识的、我在丰田汽车时的"老校友"三人，让他们以兼职人员的身份参与进来。

工作调动半年后的某一天，我在公司成立了"制造改革室"，把总公司的生产技术部课长毫无征兆地带到了西尾工厂，对他说："今后要成立'制造改革室'，我想请你担任室主任。"他现在还会笑着说："当时感觉自己突然被'绑架'了。"

就这样，他一边采用强制方法，一边和我共同思考，亲自把作为改善活动中心的"制造改革室"创建起来，并召集了一批工作人员。

（2）被称为"大正时代的工厂"

我急于推进公司内部改革，是因为我对讨厌变化、拒绝挑战、不知道正在被时代淘汰的公司现状深感危机。

"再这样下去，公司根本无法生存。"我的想法是客观现实的。

例如：工序被过度拆分，中间库存和很多零件的运送成了生产速度下降的重要原因之一；很多型号的零件被混装在相同的篮筐里，增加了工作量；物流不畅导致货品滞留；存在不必要的运输；看板无法用于生产；漏油区存在很多脏污问题；多余物品闲置，占用了大量空间，等等。

在丰田汽车公司关照过我的技术总监看到这些问题时曾惊呼："这里是大正时代的工厂吗？"

（3）把握"流程"，进行"整合"，打造"昭和的工厂"

首先，我决定着手把握整个工厂的"流程"。

尤其是我们公司的主力产品之——牵引钩。我对所有产品进行了彻底调查，摸清了哪种产品用哪种工序比较好。为了彰显重要性，我从制造部门挑选出了一名优秀的系长，专职负责这项工作。完成这项艰难的工作后，他成了"制造改革室"的核心成员之一。

其次，我瞄准了"工序的整合"。

这是丰田生产方式的常用语，意思是将原本分开的工序连接到一起。通过整合工序，我们成功减少了中间库存和细小的搬运作业，进而削减了工作量。例如，在铝制拨叉工序中就整合了焊接、检查、装箱三道工序。在此基础上，我们又陆续整合了很多工序。结果，之前连落脚的地方都没有的工厂出现了富余空间，接下来的改善也变得轻松起来。

不久，之前的技术总监再次光临，他说："你们已经进化到了昭和。"当然，要想完成平成时代乃至下一个时代的工厂蜕变，还需要一段时间。

(4) 贯穿一切活动的基本原则

为了支持所有改善活动，我们公司确立了目标①（不是能达到的目标，而是必要的目标），制定了"迅速行动"②的基本原则。

但是，改善活动能够走上正轨，其实得益于"成功体验"。

前面第 1 章中展示的"循环时间监视器"的成功，以及在该系统支持下陆续实现的改善活动的成果，作为全体员工的成功体验，铭刻在大家的内心深处。据此，公司才能在正确的方向上前进。可以说，我们公司的风气得以净化，就是受到了 IoT 化的直接和间接的影响。

---

① 参照第 2 章 2.1（1）。
② 参照第 2 章 2.1（7）。

Ⅲ. IoT 化向"挑战型企业"转变

2.5 不合格品降低活动

(1) 五项具体方针的确立

2013 年,我调动到旭铁工工作,进行了一系列的改善活动[1]。虽然活动取得了一些成果,但是公司经营却一直没能好转。问题,出在产品不合格、客户不满意等方面。

回顾当时的现场改善活动,2014 年之前的状况是:

① 实施现场能做的事;

② 重点排查以往的纠纷;

③ 预防活动较少。

---

[1]　参照第 2 章 2.1~2.4 。

由于活动循规蹈矩，效果并不是很明显，我们常常会被突发问题所困，陷入无法防患于未然的恶性循环。员工的改善意识也不强，他们认为"不良现象是无法减少的""客户不满意的事情每个月都会发生，这很正常"。

为了从问题的泥沼里摆脱出来，必须让目标变得具体易懂。因此，从 2015 年开始，针对"不合格品"和"客户不满意"的相关问题，我制定了以下方针。

（a）明确为让客户满意应该采取的行动

细化品质改善活动的实施步骤，完成对"延迟"和"提前"进度的"可视化"。

（b）让制造部门和质量管理部门一起行动

向制造部门的每个科室配备一名质量管理部门的工作人员，进行支援。

（c）向预防性活动转化

通过领导现场巡查、"恶作剧测试"①、实施应急预案演练等防止问题的发生。

---

① 参照第 2 章 2.5（3）。

（d）应对客户不满意的问题，增加必要的服务人员

例如，西尾工厂机械制造部的班长增员。

（e）向其他优秀案例学习

消除客户不满意的原因，并将经验横向推广①到其他现场。

（2）关键词是"查看""监视""观察"

为了让大家彻底投入"不合格品降低活动"，我们提出了"查看""监视""观察"三个关键词。

意思是：根据岗位（立场），改变"看"的方法。

① 查看：作业人员要确保产品合格、时刻查看工作要点。

我们给客户的不是产品，而是商品。为了不出差错，要仔细确认。

② 监视：班长、系长作为监督者，应严密监视作业人员。

监督者应充分理解自己传授的知识，确认作业人员是否

___

① 参照第 2 章 2.1（5）。

遵守了操作规程。如果作业人员有困难，监督者应与作业人员一起改善。

③ 观察：总经理、课长等作为管理者，应到现场观察发生的问题。

用自己的眼睛观察现场的组织运作是否顺利（人员是否不足、指导方法是否有误等）。

以上，就是构成基础的"看"的三个方面。

此前，我们只关注产品。而现在，我们从这个误区里脱离出来，把"查看""监视""观察"的基本原则渗透到了公司内部。通过设定高目标值，这个思路成了构筑品质环境和达成目标的手段。

随后，通过利用"循环时间监视器"确认可动率、改善设备的移动和作业方法、缩短因故障导致的停机时间等，我们创建了无论如何都不会停止的生产线。结果，我们的交付缺陷（交付产品中的不合格品）数量减少到了 2015 年的 1/4 以下。

这一成绩的取得不仅是因为我们开展了"通过活用'循环时间监视器'提高可动率"的改善活动，还因为"查看"

"监视""观察"的做法已经渗透到了全公司。

(3)"恶作剧测试"

我们在公司内部实施了被称为"恶作剧测试"[如（1）（c）中所述]的"检出率确认"。所谓"检出"，是指发现和剔除在正常产品的生产过程中极少出现的不正常产品（不合格品）。

"恶作剧"听起来不好听，但并非真的要"刁难"作业人员，而是要看他们能否凭借经验做好"目视检查"。目视检查是一道工序，作业人员通过用眼看进行检查，明确找出不合格品。

具体方法如下。

休息时间，管理人员会悄悄混入一个不合格品，然后在休息时间过后偷偷观察作业人员能否看到不合格品并将其装入有不合格品标识的箱子里。最后，做出评价。

OK：告诉作业人员"合格，今后也请进行正确的检查"。

NG：告诉作业人员"你错过了不合格品"。

此外，作业人员还可以向管理人员确认错过的原因（判断失误、看不到、没看到等）并进行纠正。

这项测试既能让作业人员保持紧张感，也能促进其与管理人员建立良好的信赖关系。此时，要关注测试后发现的问题原因，让作业人员牢记。

"恶作剧测试"虽然听起来像负面的表述，但其本质是为了提高作业人员发现不合格品的能力，是一项积极的改善活动。

（4）拟定对策不依赖感觉与技能

以往，我们只依托个人技能盲目拟定不合格品对策，容易陷入"暂时合格→因复发而不合格"的恶性循环。

例如，在我们公司的压铸工序中，人的作业条件、设备精度、模具状态、模具温度等，只要其中有一项不符合优良条件就会发生产品质量异常问题。

按照以前的方法，由于我们只能参考作业人员填写的日报信息，所以一旦产生不合格品需要进行情况询问，调查起来就会花费很大的精力。而且，由于无法获知详细的停止内容，之后的不合格品跟踪调查也会变得非常困难，无法采取正确的对策。

如今，由制造部、生产技术部、品质保障部等相关负责人召开的"停线会议"① 可以迅速讨论应对方案。

最终，不合格品问题有了以下改善成果。

· 外观不合格：不合格率从 4% 降到 0.2%（改善效果：每月 30 万日元）；

· 铸造不合格：不合格率从 17% 降到 2%（改善效果：每月 27 万日元）。

与此同时，我们还成立了质量改善小组，施行了"不合格品的可视化、对策的可视化、操作培训的可视化"。并且，以此为基础，实现了可动率的可视化。

依靠这些措施，我们公司每个人都提高了工作的责任意识和目的意识，并且让变化点和不合格品的结合变得更加清晰明了。此外，作业人员的技能也有了一定程度的提升。

最关键的是，我们提高了生产现场的品质改善意识。

最近，订货方对生产技术水平的要求有所提高。为了应对高要求，我们的作业人员会在现场互相切磋，以进一步降

---

① 参照第 1 章 1.4 (2)。

低不合格品率为目标。

（5）把"不可能"变成"常态"

"供货不合格件数"① 是产品品质的重要指标。我们公司 2016 年 4 月达成的供货不合格件数记录为零，当时的品质部长说："我进公司后，从来没有遇到过这种情况。"从那以后，零供货不合格件数的月份经常出现。

2017 年，我们的供货不合格件数减少到了 2015 年的 1/4 以下（图 2-7）。

这是几年前无法想象的成就。从那之后，员工们的意识也发生了戏剧性的变化。

"只要我愿意做，就能做得到！"
"我们有能力让没有供货不合格品的月份成为常态！"

从公司的各个地方都能听到这样的声音，但我们并不满足于此。今后，我们会做得更好。

_____

① 收货方对质量不满意的产品件数。

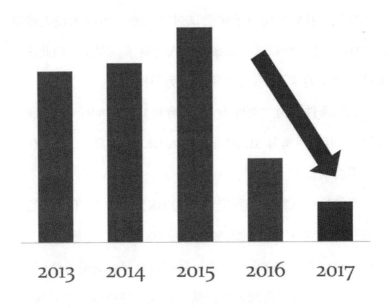

图 2-7　供货不合格件数年度趋势

(6) 图像检查和人工智能活用

我刚跳槽时，主力产品"气门导管"① 正由 17 位女员工进行全方位的"目视检查"。

目视检查需要人来做，所以难免会出一些差错。

于是，我决定将目视检查换成图像检查。

---

① 参照第 1 章 1.7 (1)。

据说，我们公司以前也尝试过这么做，但因为没人能确保 100% 可靠，所以这个方案被打入冷宫了。因此，我此次改善是以"不追求 100% 的可靠性"为前提的。

我将条件定为"判断为 OK（合格）的不能混入 NG（不合格），但是判断为 NG 的可以混入 OK"。这样一来，NG 产品就不会出货了。

图像检查装置起初判定 60% 为 OK，40% 为 NG。而后来我们发现，NG 产品中的大部分都是 OK 产品。也就是说，由女员工对这 40% 的 NG 产品进行目视检查即可满足条件。

之后，只要提高判定率，就可以减少目视检查的时间了。我们通过各种各样的努力将判定率提高到了 80%。其中，NG 产品约占 20%，这 20% 成了目视检查的对象。

由于目视检查的工作量减少到了图像检查装置导入前的 1/5，所以我们不仅可以减少相应作业人员的数量，还能削减加班费（包括未导入图像检查的产品编号的目视检查。到 2018 年 3 月为止，作业人员数量由 17 名减少到了 10 名）。

尽管如此，我们还是不满足，想要进一步提高判定率。

我们把目光投向了人工智能（AI）。以往，工厂是由人按照操作手册调整图像检查装置的阈值的。但既然已经有了图像检查数据的积累，通过让人工智能进行学习并自动提取特征量，完全可以将判定率提高到 90%。而一旦 80% 变成 90%，工作量就会减半。

虽然这一设想还在开发中，但我们相信，不久的将来就能投入使用。

(7) "旭式超级干燥" 的故事

接下来我要讲的不是啤酒，而是油。

说实话，我们公司的工厂里有很多沾满油污的生产线。"机器太旧了，没办法""以前就这样"，谁都认为"这很正常"，没人提出改善的口号。

但是，自从生产线的生产效率大幅提高，形成了挑战的企业氛围之后，生产现场的改善意识发生了戏剧性的改变。

例如，以改善生产线的漏油和飞溅问题为目标，现场作业人员提出了推进"旭式超级干燥"的活动建议。

为了达到目的，我们首先制作了雷达图，以明确现状和目标水平（图 2-8）。当然，目标设定的标准不是"能不能"，而是"是否有必要"①。意识水平提高后，现场作业人员提出了各种各样的实现目标的方案。例如：

① 易于试验的使用乙烯的改善；

② 接收泄漏、飞溅油污的改善；

③ 用硅油封堵微泄漏处的改善；

等等。

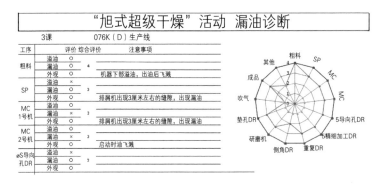

图2-8 "旭式超级干燥"活动的雷达图

此外，我们还制作了"横向推广一览表"②，让活动能在公司内部全面展开。

---

①　参照第2章2.1（1）。
②　参照第2章2.1（5）。

(8) 辅助业务的 "可视化"

改善不仅是生产现场的问题,公司内所有事务都是改善的对象。例如,在我们公司,营业部助理业务方面经常需要有人加班,于是我们决定通过改善来解决这个问题。

助理的工作大多是完成既定的任务,每天的工作项目和工作量应该很容易掌握。于是,为了掌握业务,我开始让助理填写日报。

但是,手工填写日报是很困难的,也缺乏准确性。为了解决这个问题,我决定灵活运用 "循环时间监视器"。

方法如下。

首先,调查助理的工作(接听电话、样品出库准备、发送报价单等),将大约 30 个项目梳理出来。

其次,把梳理结果显示在监视器的 "安灯" 登录画面上。

最后,让助理在工作变更时选择显示在平板上的登录画面项目,实施每日管理(图 2-9)。

这样一来,助理就省去了填写日报的时间,能更精准地进行 "工作时间测量"。当然,这一改善不仅对助理有益,

图 2-9 在平板上显示业务项目

对我们推动持续改善也好处颇多。

一般来说，职能业务很难"可视化"。但我还是认为，运用聪明才智能让我们灵活运用 IoT 系统，收集到对改善有利的数据。

我们的改善活动还在持续进行中。至于成果，我们会在合适的平台公布。

第 3 章

实现所有现场的 IoT 化

3.1　iSTC 公司

(1) 成立宗旨

我们公司开发的 IoT 系统已经取得了巨大成果。同时，我们认为该系统对其他中小企业也能起到支持作用。于是，2016 年 9 月，我们成立了 iSTC 公司。

iSTC 公司的任务是提高中小企业的生产效率。我作为旭铁工的一员兼任总经理。从 2018 年 1 月至今，有 8 名成员，全部来自旭铁工。

iSTC 公司是从旭铁工中独立出来的公司，人员少且运转灵活，能够迅速做出判断、执行任务。

其办公室是由旭铁工原来的单身宿舍改造的，是与旭铁工整体氛围完全不同的、用玻璃隔断的办公室。

最初，我们计划在玻璃墙上贴上薄膜，以防止从外面看到办公室内部。后来因为公司员工说这样看起来更帅，所以就维持原状了。

墙上设置有8台监视器，上面显示的是旭铁工及泰国工厂的生产线运行状况的实时影像（图3-1）。

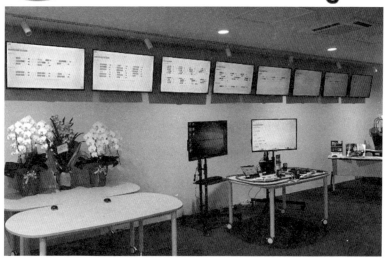

图3-1　iSTC 公司内部设置了8台监视器

(2) 系统导入的业绩

iSTC 公司从 2017 年年初开始面向其他公司提供服务。

现在使用相关系统的客户大约有 100 家。其中，将近 80% 是员工人数在 300 人以下的中小企业，正是我们的目标对象。我们推测：这是与大型制造企业完全不同的客户群。

服务地域以中部和关东为中心，也有很多其他地域的商会发来邀请，希望我们能去演讲。今后，我们的系统改善活动圈子将持续扩大。

(3) 向海外拓展

（Ⅰ）泰国分公司也启动了 "生产线远程监视"

现在，日本的中小企业大都有海外的工厂、关联企业和供应商。而且，由于文化和国情不同，经营管理联系普遍比较困难。

发生下列问题的情况不在少数：

① 无法把握生产情况；

② 掌握生产现状花费过多时间；

③ 员工报告的可信度低；

④ 改善没有进展。

旭铁工在泰国的分公司 SAM（Siam Asahi Manufacturing）就常年受上述问题的困扰，进行了一系列的改善活动。例如，其从 2017 年 7 月中旬开始推行的"生产线远程监视"[①]。

（Ⅱ）开始向海外法人提供"生产线远程监视服务"

这一尝试积累了改善业绩。以 SAM"生产线远程监视服务"的营业和服务为枢纽，我们开始以泰国为中心为东南亚客户提供服务。

当地一些规模较小的劳动密集型工厂很难导入过去那种大规模的 IoT 系统，而我们公司的系统很容易导入。此外，我们也可以共享在当地企业积累的技巧，在应用方面为其提供强有力的支持。

（Ⅲ）泰国公司的"停线会议"

我们在泰国分公司也开始召开"停线会议"[②]。

会议由在日本积累了同样经验的厂长、部长 2 人参加，采用了"对当地企业成员的报告提出建议"的形式。

---

① 参照第 2 章 2.1（1）。
② 参照第 1 章 1.4（2）。

其流程如下。

每天在规定的时间集合，进行 10~15 分钟的会议。会议和我们公司的日本工厂一样，在生产现场设置的看板前举行①。前一天"循环时间监视器"收集到的数据会被复制并粘贴到看板上的 Excel 表格中，进行图表化，参加者可以一边看图表，一边进行讨论（图 3-2）。

（Ⅳ）当地工作人员的变化和效果

"停线会议"首先从"循环时间监视器"的说明开始。泰国人原本对 IT 技术有很大的兴趣，会议利用它取得了非常积极的效果。

问题，还是语言的壁垒。

解决方法是建立起"通过翻译进行汇报"的机制。但是在生产现场的交流中，由于专业术语过多，信息无法充分传达的情况时有发生。因此，需要在使用平板电脑和智能手机的同时，辅以肢体语言进行交流，逐渐跨越语言的障碍。

从性格特征来看，泰国人喜欢团体行动的倾向比较明显。此外，在工作场合，他们对日本人所说的"报联商（报告、联络、商谈）"的理解度很低，妨碍了生产效率的提高。

---

① 参照第 1 章 1.4（2）（Ⅴ）。

图 3-2 "停线会议"中展现前一天的数据图形，
大家一边看图表，一边进行讨论

"停线会议"对改善非常有效。

"循环时间监视器"中的数据一弹出，其和目标数据的
差距便一目了然，生产线的问题也变得明确、清晰。这是促

进工作人员之间交流活跃的重要因素，而交流的活跃会催生团队合作，提高大家解决问题的积极性。

就这样，在泰国公司，"循环时间监视器"和"停线会议"成了两个轮子，不断推动着改善前进。

（V）与泰国工业省签署备忘录

这样的活动被认可后，2018 年 5 月 11 日，iSTC 公司与泰国工业省签署了备忘录（MOU：Memorandum of understanding，谅解备忘录，图 3-3）。泰国工业省决定引进和发展我们的 IoT 监视技术。作为交换，我们承诺为提高泰国的生产效率、实现泰国工业 4.0 的发展做出贡献。

如本书"序言"中所述，我们公司的系统具有以下三个特点：

① 初期投资少；

② 旧设备也能导入；

③ 导入简便。

它适用于拥有众多陈旧设备的泰国中小企业，这便是我们成功签署备忘录的最大理由。

2018 年 4 月末开始，在泰国工业省的支持下，我们在泰

图 3-3　从左到右分别是泰国工业产业部部长乌塔玛、
作者木村哲也、DIP 局长考布查伊、东洋商务工程社长大泽正典、
日本驻泰国大使佐渡岛志郎

国 7 家中小企业的共计 20 条生产线上开始实证试验。

当时，现有设备既没有信号塔，也没有 PLC（可编程逻辑控制器），且大都是单独运行的，大型供应商提供的大型系统根本无法收集运行信息。于是，我们在 20 条生产线中的 16 条上安装了读取开关①，在其余 4 条的信号塔以外的灯等位置上安装了光感传感器②，实现了数据收集。随后，我们拿到了"加班时的生产效率低""作业人员不同导致循环时间产生了

---

① 参照第 1 章 1.6（1）（V）①。
② 参照第 1 章 1.6（1）（V）②。

偏差""可动率低"等"可视化"后的报告。

今后，我们将在泰国继续拓展需要导入系统的客户企业。同时，与日本一样，我们计划通过大数据分析，为广大企业提供改善、提升生产效率的服务。

此外，我们也致力于培养能在泰国进行指导、提供我们公司服务的人才。

(4) 非制造业的应用

当然，除了制造业，我们公司的服务还有其他广泛应用的可能[①]。

例如，我们公司的系统成功将某杂货店销售公司的收银台的顾客响应时间"可视化"了。

我们没有对现场使用的现有收银台进行改造，而是通过加装系统省去了时间和费用。同时，我们详细分析了系统收集的数据，用于今后落实缩短排队时间等改善活动。

综上所述，我们公司的 IoT 系统结构简单，是我们从零开始创建的，具备独特的思路和方案。在至今未能应用到的各行各业中，隐藏着巨大的可能性。

---

① 参照第 2 章 2.5（8）。

(5) 与福瑞比特公司的合作

2017 年 4 月，iSTC 公司与福瑞比特股份有限公司①（以下简称"福瑞比特公司"）开展业务合作，发表了"提供网络基础设施"和"商业材料的相互提案"等意见。最终，两家公司达成了共同致力于扩大 IoT 事业的战略合作意向。

福瑞比特公司可满足需要专利技术的尖端技术市场的需求。例如，为日本全国各地的网络服务提供商（ISP）和公寓提供网络宽带业务、移动业务、云业务、广告技术业务和健康技术业务等。其通过结合预期营销提供解决方案，在广泛的业务领域创造了新价值。

在结盟的基础上，福瑞比特公司旨在通过提供以 IoT 用户身份识别（SIM）为中心的网络解决方案，开发并扩充 IoT 服务。同时，双方也希望通过相互提供商业资源材料，相互介绍客源、获得新客户。

目前，我们公司使用福瑞比特公司的专用通信网，从 IoT 系统的接收器向云端上传数据，实现了比通常更高的安全等级。

---

① 总部位于日本东京涩谷区。总经理：田中伸明。https：//freebit. com/。

此外，虽然需要追加费用，但是根据客户的要求，阅览方也可以构筑封闭的局域网通信环境，与一般的网络分隔开，实现更高安全级别的系统构筑。

3.2 依靠 IoT 化的全面改善支持业务

(1) 改善项目的展开

我们正在规范开展依靠 IoT 化的全面改善支持业务，且获得了以下成果。

（Ⅰ）锻造工厂的事例

我们从某锻造工厂接到了"以降低采购零部件的成本"为目标的改善支持活动请求。

改善的对象是"材料切断→加热→锤锻→修整"过程中的"锤锻"工序（图 3-4）。

现场有作业人员把加热后的棒材拿起来放到模具上的动作。而为了完成该动作，作业人员必须把数千克重的棒材举起 250 毫米。这个动作的负担很重，疲劳的累积是作业延迟的原因之一。

图 3-4　锤锻工序照片

因此，为了将棒材传到作业人员手中时的高度调整到与模具高度相当的水平，我们采用了汽车维修用的通用千斤顶（图 3-5）。

这样做减轻了作业人员的疲劳程度，使其全天都能稳定生产，"每小时的产量"也从 496 个提高到了 549 个，生产效率提高了 10%。

（Ⅱ）淬火工厂的事例

在某淬火工厂的改善指导过程中，我们实施了"将手动喷气自动化"和"通过减少作业人员的动作节约时间和气力的'作业手头化'"。

图 3-5　用通用千斤顶调节模具的高度

通过这些努力，该工厂每小时的产量从 51.4 个提高到了 93.3 个，生产效率提高了 82%。

（Ⅲ）本公司系统导入工厂的自我改善报告

以下是导入我们公司 IoT 系统对自家公司进行改善的技研股份有限公司[①]发来的报告。

我是技研股份有限公司的押野。下面我要讲的，是由丙

---

① 汽车用品制造商，成立于 1961 年，注册资本 9980 万日元，职工人数 335 名（截至 2014 年 4 月）。https://www.gikenkk.co.jp/。

烯制造的汽车零部件——汽车专用侧窗遮阳帘（Side Visor）的注塑成型工序的改善事例。

改善的目标是实现 5 台注塑成型机的可动率提高和成型循环时间的缩短。

首先，在系统中登记主要的设备停止因素。当设备停止时，可以在平板电脑上登记主要因素（图 3-6、图 3-7）。

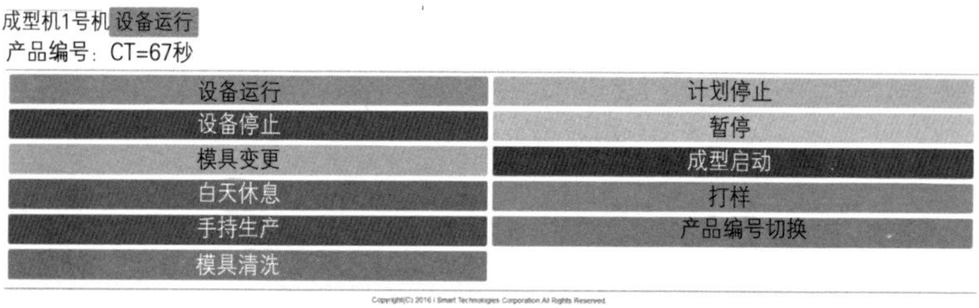

成型机1号机 设备运行
产品编号：CT=67秒

设备运行	计划停止
设备停止	暂停
模具变更	成型启动
白天休息	打样
手持生产	产品编号切换
模具清洗	

Copyright(C) 2016 : Smart Technologies Corporation All Rights Reserved.

图 3-6　将停止因素登记在系统中

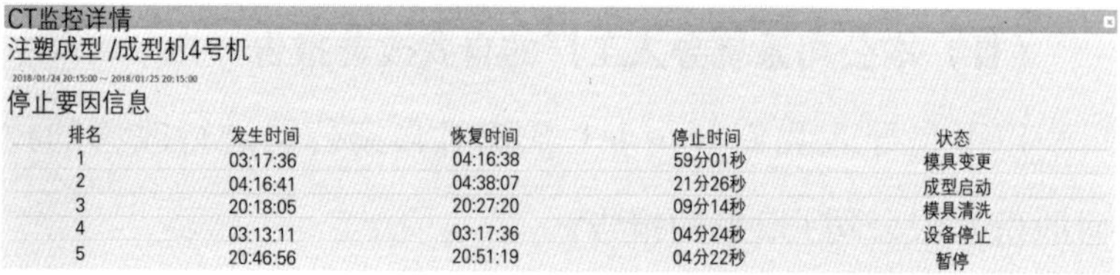

CT监控详情
注塑成型 /成型机4号机
2018/01/24 20:15:00 ～ 2018/01/25 20:15:00
停止要因信息

排名	发生时间	恢复时间	停止时间	状态
1	03:17:36	04:16:38	59分01秒	模具变更
2	04:16:41	04:38:07	21分26秒	成型启动
3	20:18:05	20:27:20	09分14秒	模具清洗
4	03:13:11	03:17:36	04分24秒	设备停止
5	20:46:56	20:51:19	04分22秒	暂停

图 3-7　系统停止时，将主要因素登记在平板电脑上

从中可以看到设备停止的三个主要因素：

① 模具变更（换产）；

② 成型启动（材料的更换、调整作业）；

③ 模具清洗。

此外，还能看到次要因素④：有些设备的运行比率低。

为了提高可动率，我们首先对①②采取了以下措施。

针对① 模具变更（换产）：

发挥外部换产的作用，实施负责人"可视化"。通过推进外部换产，减少变更模具的时间。

同时，对生产指导方法进行修改，削减成型日报的转记作业、缩短取放移动的时间。

针对②成型启动（材料的更换、调整作业）：

减少成型机停止、午休的时间。通过实施连续成型，减少午休前后成型机停止的时间。

以数据为基础实施上述改善后，可动率从 73.81% 提高到了 81.2%。

依靠本系统的引入，设备的运作情况得以共享，提高了全体员工的积极性。例如，现场作业人员提升了对设备停止要因和时间的关注，管理人员也在现场积极推动与公司内部的沟通。

此外，还明确了"减少换产工时（人数×时间）""缩短成型启动调整作业""实施成型机、模具维修的外部换产""通过停止运行比率较低的设备缩短循环时间，对其他成型机进行整合"等应持续努力研究的课题。

（2）运作方法决定改善活动的成败

在改善活动中，如何改善、改善哪里非常重要。但同等重要的，是"如何运作改善活动"。

例如，旭铁工为了使改善活动顺利进行，制作了揭示目标和现状的位置、日程、改善条目等的"改善板"①，以便让现场改善活动的现状一目了然。

我们公司充分积累了选取"改善板"的告示内容、明确"停线会议"的实施方法、发现问题的方法等推进改善活动的经验技巧。在此基础上，我们可以根据各公司的实际情况提出包括 IoT 化在内的改善活动建议。当然，不仅是硬件和应用程序开发，还有我们公司独有的诀窍。

---

① 参照第 1 章 1.4（2）（V）。

（3）对座谈及现场实况的看法的指导

我们会采用教材和讲义，以座谈及现场指导的形式向学员传授诀窍。

（4）"巡回研修会"的实施

（Ⅰ）方法和目的

以（3）的考虑为基础，我们公司向导入 IoT 系统的客户推荐参加了集合多家企业的"巡回研修会"（图 3-8）。

图 3-8　巡回研修会的概要

研修会的主要目的是"培养改善能力"和"培育人才"。

首先，由某个参加会议的企业提供改善现场，让全体人员聚集到那里。其次，我们公司的讲师会一边接触现场的状况、数据等原始素材，一边讲解改善的切入点和案例，给予学员提示和启发。最后，重复以上工作 3~5 次，加深学员对"活用 IoT 系统的改善活动是依据怎样的视点和想法落实的"这一问题的理解。

参加的企业可以由此接触到自家公司没有的思路，提高解决问题的技能。此外，提供改善现场的企业也会因成为研究素材而受到鼓励，促进改善。

为什么要采用这样的研修方式呢？因为在改善方面，只要理解了讲师的话，就会有"原来是这么回事儿，照着做就对了!"的顿悟。

事实上，在"巡回研修会"上，我们公司的讲师只会给出提示和建议。当然，讲师也会回答问题，但是改善对策会请学员自己思考。不可否认，派遣我们公司的老员工和顾问能够轻松在短期内使问题得到改善。但是，如果学员不用自己的眼睛看、不用自己的头脑进行思考，就无法培养自主改善能力。

在培养能够持续进行改善活动的人才方面，"巡回研修会"是最好的舞台。

（Ⅱ）"巡回研修会"报告

① 讲师的报告

2017 年，我们公司在爱知县碧南市内的 4 家公司尝试实施了"巡回研修会"。

讲师①由对我们公司的想法抱有强烈支持态度的管理顾问——外山优先生担任。

以下是外山优先生的报告②。

【实施概要】

我是中小企业诊断事务所总体规划咨询代表外山优。

此次使用 iSTC 公司的生产线远程监视服务，对以下四家公司进行了改善指导：

A 公司：切削加工业，员工不足 40 名，削减工时、培训员工；

B 公司：切削加工业，员工不足 40 名，削减工时；

---

① 参照第 3 章 3.3（7）。

② 为方便理解，作者对外山优先生的报告做了适当编辑，但没有对内容进行修改。

C 公司：喷漆业，员工 15 名，培训员工；

D 公司：研磨加工业，员工不足 40 名，提高生产能力、培训员工。

这四家企业都是爱知县碧南市的中小企业，规模不大。一直以来，它们从未有机会使用 IoT 技术的监视服务。

【研修会的要点】

此次对作业人员的工作偏差进行了改善。

在丰田生产方式中有这样一句话："时间是动作的影子。"如果时间有偏差，那就意味着动作有偏差。

我一直想将偏差可视化并活用到改善活动中，但是必须经历测量工作周期、记录、输入到 Excel 表格中等一系列步骤。

为了把握偏差，有必要测量相应次数的周期，这样做太费工夫，实际操作也有困难的一面。

【研修会的成果】

使用 iSTC 公司的服务可以自动收集整个循环时间，进而省去最难部分的测量。只要将收集到的数据复制并粘贴到 Excel 表格中，就能制作出可视化后的作业时间偏差的直方图①。

由此，我们可以从视觉上把握循环时间的偏差、作业时间因人而异的部分，以及时间带的差异等。图表可视化的巨大威力，也让大家发出了惊叹声。

"循环时间有这么大的差别吗？

"每个人的作业时间都不一样！

"以前没注意到，疲劳会延长循环时间。

"这么微小的停止时间是怎么产生的？"

事实上，循环时间偏差的产生有很多原因，主要是：

作业人员没有受到作业方法的培训；

没有拟定作业标准（作业人员自己决定）；

存在不熟练就做不成的工作；

没有产量意识。

相应的对策包括：

统一作业，进行教育培训；

---

① 2017 年年末实现自动图标化，操作更加便捷。

制定产量目标；

配备工具，降低作业难度。

我们在进行实际改善时拟定了三个主题：

（a）意识改善；

（b）环境改善；

（c）操作改善。

（a）意识改善

安装系统，明确揭示目标，召开产量管理和改善的会议。鉴于企业原本就没有改善的风气，所以要先从这个问题切入。重点是让员工参与到改善中来，树立改善意识。

（b）环境改善

为了减少偏差，必须消除"难度大的作业"。首先，我们对"作业的难度"和"立即着手的难度"进行了改善，让员工体验"改善带来的喜悦和好处"，获得自信。更换物品放置的场所，更换作业位置，添加照明设备等——着眼于这些小问题，慢慢摸索着改善就可以了。当然，在这个过程中也会出现阻碍和困难，而它们正是激发"下一次应该这么做""要是这样就好了"的思考的课题。

（c）操作改善

着眼于"操作的方式"和"人"，谋求循环时间的缩短和可动率的提高。一边重新审视作业方法，一边废止原先不合理的操作。在生产现场，由于以往的作业被视为理所当然，所以必须充分观察，提高目标要求，鼓励大家发挥聪明才智。

此次，我们在 4 家公司举办了"巡回研修会"，每家公司各举行了 3 次，共计 12 次。

最终，4 家公司每小时的产量提高了 15%～59%，超出了预期目标（图 3-9）。

【参与者的声音】

参与此次活动的人员发出了以下感叹。

"员工和管理监督人员在工作时都有了明确的目标。

"我们能找到课题并主动进行改善。

"我们重新认识到了用数据管理生产效率的重要性。

"公司内部开始萌生了些许改善意识。

"此次改善的对象是生产线，希望能对其进行横向推广。"

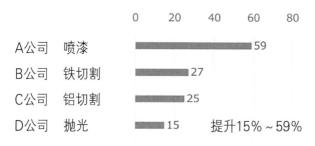

图 3-9　巡回研修会努力的结果（%）

"加班减少了，管理变得轻松了。"

"更早接触到这个系统就好了。"

"今后也想活用监控系统，让此次成果延续下去。"

【对各参与公司的问卷调查结果】

活动结束后，我对参与的每家公司都进行了问卷调查。

调查结果让我深切感知到生产效率（每小时的产量）的指标管理对中小制造型企业的重要性。事实上，由于人手不足和数据测量困难等，很多企业是无法做好管理的。

在此次活动中，各参与公司或将数据公布在生产现场，或在会议现场中进行展示，以期与员工共享信息。我认为这是引导员工参与其中、取得成果的重要因素。

关于今后的应用方针，因为全公司都在积极使用 IoT，所以我认为本次使用的监视系统是中小制造型企业期待已久的、非常有效的系统。

【作为讲师的感想】

截至目前，我为很多中小制造型企业提供了生产效率改善方面的咨询服务。从以往的咨询方式来看，最初的"现状把握"阶段平均需要 3 个月左右的时间，成果出来前，也要花费一定的时间。有些企业在这个阶段就放弃了改善活动。当然，由于本次活动收集数据的方式是合理的，所以没有发生这样的问题。各个行业的企业群体聚集于此，通常需要花费 6~9 个月的改善活动却只用了 3 个月，这是超出预期的成果。

② 参与者的声音

参加此次研修会的杉爱工业股份有限公司①的下一任社长杉浦洋一先生表达了以下感想。

我们此次改善的目标是生产效率提高 10%，而实际提高了 25%，可以说取得了很大的改善成果。但是到目前为止，从我们公司每天的生产数量的记录来看，这个成果还没能体现出来。

通过努力，我们能够精准了解每小时的产量，设定明确的目标。重要的是，员工也意识到了这一点。此外，准确掌握每一次的工作时间也让我们看到了作业之间的偏差。例如，通过明确定义吹气（在产品上喷上压缩空气，把垃圾和油吹离出去）和检查程序并创造一个更容易执行困难任务的环境，可以减少工作差异，提高产量。

由于加班减少、短期收入减少，所以改善一开始并不受员工欢迎。但是通过提高生产效益、完成更多的工作，收入一定会增加，这一点也得到了员工的理解。今后，我计划在公司内部扩大改善活动的对象——生产线，谋求全公司生产

---

① 切削加工业，有35名员工。

效率的提高。

③ 专家的声音

作为列席者参加此次研修会的中京大学经营学部的渡边丈洋教授[①]也做了点评[②]。

我初次看到这个远程监视系统时，就深深意识到它是提高生产效率和培养人才的好用的、快捷的、经济的、划时代的工具，特别适合中小企业。无论是在提高生产效率方面还是其他什么方面，只要我们认识、判断、付诸行动，就能得到结果。

丰田生产方式认为"时间是动作的影子"。例如，生产一天所必需的 500 个产品花费了 9 小时 20 分钟。这个结果里，隐含着完成每个产品的每个动作。所以为了缩短生产时间，提高生产效率，我们必须仔细查看这些动作，对应该调整的地方进行改善。

但是，捕捉生产动作本身是相当困难的。

---

① 参照第 3 章 3.3 (8)。渡边教授是作者在丰田汽车生产调查部时的前辈。

② 为了编写方便，作者对渡边教授的评语进行了适当编辑，但是没有对内容进行修改。

一方面，生产日报和生产管理板也是重要工具，现场作业人员必须做好每小时的数据记录。如果发生异常情况，必须在上面写明"停止了几分几秒"。在管理监督者无法确保到位的中小企业，要彻底做到这些是相当困难的。

另一方面，生产日报和生产管理板上的数字是无数身影的汇集，只能粗略显示出"某条生产线状态不佳""经常加班"等问题，无法清晰反映出每个身影的每次动作。而且，如果无法持续认真地对待，是很难追踪并修正每个动作的。

与之相对，该远程监视系统可以将以往看起来很模糊的身影化作一个一个循环时间中的动作传递出来。其中的数字，指出了"每次作业中存在的偏差""某段时间停止了几分几秒"等问题。

有了如此鲜明的身影，我们就可以捕捉到生产现场和实物之间到底发生了什么，并且将看到的问题与动作的修正结合起来。成果的震撼程度，将如实展现在将系统导入改善活动的中小企业的生产效率的提高上。

此外，由于该系统是一种容易操作且成本低廉的工具，可以从廉价的传感器中捕获每个循环周期并自动实时显示在智能手机或电脑上，因此无须构建大规模系统。同时，因为不需要和设备链接，所以我们可以自己动手安装并马上在手机上看到数据结果。可以说，该系统是物联网时代的一款快速、廉价、中小企业也能轻松导入的智能工具。

可以确定的是，引进该远程监视系统后，如果只能看到动作的影子，那么你改变不了任何结果。只有追求每个震撼的影子，我们才有能力发现麻烦和困难，力促大家改进。

人会对亲眼所见的事物做出反应：看到"上次是 68 秒，这次是 71 秒"的数字会觉得不可思议；会为某设备每天停止 5 分钟的次数多达 10 次而感到惊讶。但是为什么会出现这样的问题呢？只有在现场观察实物才能知晓。

从经营者、管理者到现场的作业人员，大家都能共享这些数字，进而促进改善、实时看到改善的成果、提高改善的积极性、培育改善方面的优质人才。

这样一来，中小企业就可以通过提高生产效率克服人才不足的问题。同时，也有利于培养下一代人才。我确信，今后这个圈子会不断扩大。

此外，该系统还能积累数据，根据需要对数据进行时间系列分析，并且改善应用数据的显示方法，让其更容易使用。实际上，该系统可以追加各种各样的功能。

该系统符合需求，是今后持续发展的工具，这一点也极具魅力。

3.3 数据收集的前景——德国工业4.0和日本工业4.0的差异

2016年，我们公司作为日本经济产业省派遣团里的中小企业之一，参加了在德国汉诺威举办的消费电子、信息及通信博览会（CeBIT）①。在那里，我看到了许多面向中小企业的解决方案。

说是面向中小企业，其实大多是高价、大规模的系统。例如，有一套系统是通过投影映射指示下一个要取出的零件，当作业人员按照指示取出零件时，该零件应该安装的位置也会通过投影映射发出指示。确实，如果使用这套系统，即使没有专业知识的人也能马上开始工作。但是，生产效率无法提高。

有一个词叫"工业4.0"②。

———————————

① 国际信息通信技术展览会。
② 也被译作第四次工业革命。第一次是制造业利用水和蒸汽作为机械的动力源。第二次是用电。第三次是通过组合电器实现工业工艺的自动化。

这是 2011 年德国政府发表的国家战略项目，是由国家自上而下推进的、基于 IoT 普及的制造业智能化的目标。

之后，发达国家相继发表了各自的"工业 4.0"。

日本于 2017 年 10 月发布了堪称"日本工业 4.0"概念的"互联工业 东京倡议 2017"。

这个概念提倡的是"连接以往分开收集的各个行业、公司、人、机械和数据，依据人工智能（AI）等，或创造新的附加价值和产品服务，或提高生产效率，解决人口老龄化、人手不足、环境能源制约等社会课题，由此加强产业竞争力，以提高国民生活水平和实现国民经济的健康发展为目标"[1]。

日本创造这个概念不仅是为了促进 IoT 化和 AI 化，还隐含着"以日本的强项——真实数据为核心，强化支持"[2] 的愿望。

现在，日本也有很多公司利用 IoT 技术提供监视系统，但大部分很难在现场使用，且收集到的数据也无法被有效利用，仿佛在照搬"德国工业 4.0"。

---

[1]　参照日本经济产业省"互联工业 东京倡议 2017"第 7 页。https：//www. meti. go. jp/press/2017/10/20171002012/20171002012-1. pdf。

[2]　参照日本经济产业省"互联工业 东京倡议 2017"第 2 页。https：//www. meti. go. jp/press/2017/10/20171002012/20171002012-1. pdf。

你在阅读本书的过程中会发现，我们公司的系统和目标与"互联工业 东京倡议2017"的理念有着很高的亲和性。

我们的目标，是走在"数据收集的前面"，即"用数据发挥出人的力量"①。

（1）数据需要"基准"

例如，看数据进行判断需要某种"基准"②，收集的数据越多，"基准"的准确性越高。

利用信息技术（IT）收集到的数据与经由人收集到的数据不同，前者的数据收集量非常大。

通过整理这些数据，就可以生成"基准"。

（2）旭铁工改善前后的数据比较

目前，旭铁工收集了140余条生产线运行状况的时间序列数据，并在80条生产线上进行了改善。

我们将主要KPI（关键参数指标）设置为以下三条：

① 循环时间；

---

① 这个想法是我们公司着手实现IoT化之初一直贯彻的。可参照第1章1.1（3）。

② "基准"也可以称为"评价"。例如，"可动率的基准（评价）为80%左右"。

② 可动率;

③ 每小时的产量。

这三条之间的 KPI 关系, 可由下列公式表示:

$$每小时的产量 = \frac{3600}{CT} \times 可动率。$$

根据这一公式, 我们对改善前后的数据进行了比较。

横轴是循环时间 (①) 的缩短率, 纵轴是可动率 (②) 的提高率。这样一来, 我们就能画出向右下方降低的等高线, 即每小时的产量 (③) 的提高率 (图 3-10)。

(Ⅰ) 循环时间①

我们对缩短率, 即"循环时间比改善前缩短了多少"进行了整理。

例如, 缩短率为 60%, 意味着循环时间缩短了 60%。这是全部计算 80 条生产线后得出的数据。

结果发现, 这 80 条生产线的平均缩短率为 16%, 最高

---

① 参照第 1 章 1.1 (2) ③。

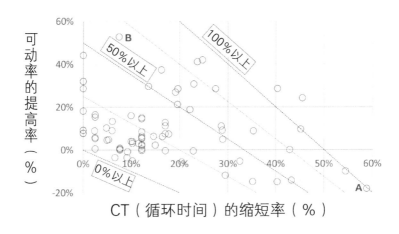

図 3-10　CT（循环时间）的缩短率、可动率的提高率、
每小时的产量的提高率

为 59%。

缩短率为最高 59% 的，是旭铁工泰国子公司接受检查的
生产线（图 3-10 中的 "A"）。手工作业的成功改善，使其实
现了 59% 的缩短率。

（Ⅱ）可动率①

降低可动率的主要因素有：

① 因为异常而停止；

② 调换安排；

---

① 参照第 1 章 1.3（1）。

158

③ 更换箱子等附带作业。

可动率 100% 是改善活动的目标。

旭铁工 80 条生产线的可动率平均提高率为 10%，最高为 53%。

"气门导管"（图 3-10 中的 "B"）的提高幅度最大。频繁停机问题的改进，是取得显著成果的主要原因。

但是，也有几条生产线的可动率下降了。

例如，前面提到的旭铁工泰国子公司的检测线降低了 18%。

原因是循环时间缩短了 59% 后，相对来说，调试和换箱等附带作业的比例会变大。但是循环时间的缩短速度比可动率下降得快，所以导致"每小时的产量"上升了 199%，提高了 2 倍。

此外，我们还对改善前后的可动率进行了比较（图 3-11）。

图 3-11 中同时绘制有各种各样的工序。

这些工序会根据种类和调试的有无等产生很大的差异，所以要进行更详细的数据分析，必须根据其各自的特征制作

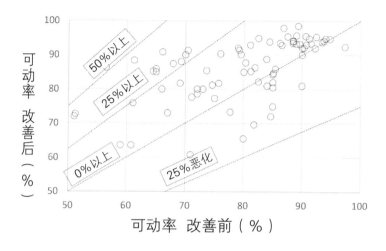

图 3-11　可动率改善前后的比较

成图表。这样一来，就能以这些结果为基础，推进更高可信度的基准的形成。

（Ⅲ）每小时的产量

上述循环时间的缩短率和可动率的提高率决定了"每小时的产量"的提高率（图 3-10 中的等高线）。

在旭铁工的 80 条生产线中，"每小时的产量"的平均提高率为 34%，最高为 128%。

从循环时间的缩短率和可动率的提高率的关系来看，在循环时间的缩短率较大的情况下，可动率的提高率较小，存在恶化情况（图 3-10）。

这是因为如果循环时间的缩短率变大，即循环时间变短，换箱子和调试等的时间就会相对变长。

(3) 生产效率的提高余地（改善潜力）

"循环时间" 和 "每小时的产量" 受工序构成和产品种类等差异的影响较大，很难单纯地在生产线之间划分优劣。

但是，"可动率" 可以根据工序种类、自动手动的区别、是否更换调试等进行分类，设定评价改善活动的优劣 "基准"。这从旭铁工改善后的数据便可得知[1]。

我们公司将此称为 "生产效率的提高余地" 或 "改善潜力"[2]。

图 3-12 与工序类别及自动手动的区别无关，绘制的是旭铁工 80 条生产线改善后的可动率。

图 3-11 和图 3-12 中也有根据工序整理的数据，我们会公开给签约的客户。

在后面（5）中叙述的 "生产线诊断报告" 中也可以利

---

[1] 当然，评价生产线时，有必要对特殊情况进行调查。
[2] 后文统称为 "改善潜力"。

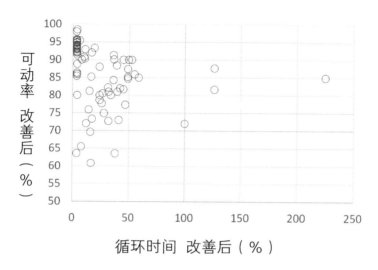

图 3-12　循环时间和可动率分布（改善后）

用该"基准"定量表示每位客户的生产线的"改善潜力"。

例如，假设某客户的生产线的可动率测试结果为 50%，而由我们公司改善的同类工序的标准为 80%。

在这种情况下，"80÷50＝1.6 倍"的"每小时的产量"是有可能实现的，这就是"改善潜力"。

如上所述，"循环时间"作为现阶段"基准"有困难。通过其他方法是否能算出"改善潜力"，目前正在讨论中。

像这样，能够专业收集易懂、有启发性的数据的公司，全世界大概也只有我们了。

(4) 免费试用活动

我们的系统不仅成本低，在引进、运用方面也能给很多中小企业带来巨大的益处。

但同时，我也理解大家对引入新系统、颠覆以往做法的犹豫。

因此，为了降低客户导入该服务的门槛，我们开始实施"免费试用活动"。

活动内容如下。

首先，由我们的工程师（兼数据分析师）拜访客户工厂，在生产线上安装系统，让客户当场看到自家公司生产线的数据。多数情况下，系统会运作 2 小时。当然，在某些情况下，该系统也可以在几分钟内完成任务。这期间会收取交通费、住宿费等实际费用，但安装开始后最长 1 个月内，系统可以免费使用。

如果客户想继续使用该系统，需要正式签订合同，否则需要返还机器设备。

由于客户可以在一个月内亲自体验系统的运行和操作方法，然后再决定是否正式导入，所以该系统大受欢迎。

（5）数据分析服务——"生产线诊断报告"

上述（4）中的"免费试用活动"获得了很高的评价，但也有一部分客户表示"数据太多了""不知道怎么看数据"。

于是，我们开始有偿（部分免费）提供"数据分析服务"，对客户的数据进行分析，制作成提示改善点的"生产线诊断报告"。

如果客户希望拥有这份"生产线诊断报告"，我们的工程师会在安装系统时对工厂的生产线进行观察，倾听现场的声音。造访安装的工程师是生产线改善的鉴定人。仅观察和调研，就能发现很多问题。然后，工程师会对照收集的数据，制作"生产线诊断报告"。

（Ⅰ）生产线的停止程度超乎客户想象

通过"生产线诊断报告"能够明白两点：

① 生产线的停止程度超乎客户想象；

② 很多工厂无法正确把握实际的循环时间。

工程师在倾听的过程中会听到很多人说："我没测量过，

有 80%～90% 在正常运转吧。"还有人补充说："即便是这样也会有很多无法处理的订单，我们必须 24 小时满负荷运转，或者安排加班。"

当然，也有人实际测量过，但大部分都只是"统计了作业人员申报的停止时间"。我们公司也有类似经历[①]，事实证明，这种方法无法获得正确的数据。

但是，实际收集并分析数据后会发现，别说 80% 了，很多工厂的运转率只有 50%。直觉和人的手工测量结果并不靠谱。结果，"24 小时满负荷运转""轮流加班"等情况在工厂里频繁发生。

（Ⅱ）很多工厂无法正确把握实际循环时间

运行我们公司的服务系统时，首先要明确申报"循环时间"，用于初始设定。

但是与可动率一样，"循环时间"的申报值与实际测量值很难一致。这证明，很多中小企业无法正确把握自家公司生产线的能力（每小时的产量）。

我们的工程师会根据这些结果考虑循环时间申报值和实际测量值的偏差的原因。

---

① 参照第 1 章 1.6（1）（Ⅶ）③及 1.7。

例如，如果实际测量值比申报值短，就意味着生产线的停止时间比预想的要长。为了把握"每小时的产量"，必须精准把握"循环时间"和"可动率"这两个数值。做不到就意味着改善不充分，"改善潜力"还很大。

通过将收集到的数据和工程师的观测结果结合起来，可以将量化的评估结果和具体的改善建议汇编成报告。

改善的方向多种多样，但多数情况下都会得出"生产线的停止时间很长，改善的可能性很大"的结论。

顺便一提，由于这份报告过于令人震惊，所以也有客户表示"这么糟糕的结果不能给社长看，不能签合同"，最终取消合作的。

但是，面对着眼于公司的未来发展、想要进行改善活动的客户，我可以自豪地说，这份报告有相当大的价值。

这个"生产线诊断报告"的制作是收费的。但是作为提高客户满意度的措施的一部分，我们计划定期为其免费创建和提供特定生产线的报告制作服务。

(6) 混合咨询——改善的培训建议

依据"数据分析服务"，我们建立了一套系统，可以将客户的问题"可视化"并为其提供建议。

但即便如此,出于种种原因,有些现场的改善活动依旧无法顺利推进。对于抱有这些问题的客户,我们会为其提供"混合咨询"服务(图 3-13)。

监控　　　　　　生产线诊断报告　　　　　混合咨询

图 3-13　混合咨询的流程

咨询服务的投入成本一直是中小企业的瓶颈。我们的调查结果显示,投入咨询服务的费用一般为一个月 300 万日元或半年 1500 万日元。我问顾问为什么这么贵,他说:"因为收集数据需要付出大量的劳动力和相应的成本,所以很贵。"

于是,我们决定灵活运用我们公司的远程监控系统、网络摄像头(计划中)和视频会议系统提供咨询服务。

咨询的内容为"以提高生产线每小时的产量为目标,进行改善"。为了达到这个目标,我们会以某条生产线为范本,进行为期 3 个月的密集咨询,并且利用这些数据培养客户的现场改善能力。

"顾问兼数据分析师"① 是在我们公司取得了优秀改善成果的主要人员。他们的报酬由两部分决定：一部分是访问次数和微信等远程会议的次数，另一部分是"每小时的产量的提高情况"。也就是说，我们将以往的咨询费用压低了，能提高业绩的人，会获得相应的高额报酬。

（7）与合作顾问的联合

我们公司备有远程监视系统，海外法人也可以使用。

当然，在改善活动和咨询工作中，抵达现场、接触实物还是最重要的，这一点不会改变②。但如果客户所在地较为偏远，就要承担更多费用。

为了解决这个问题，我们开始与了解我们公司服务的概念和使用方法，并且积极致力于提高中小企业生产效率的顾问展开合作。

合作分两种情况：

① 使用我们公司的监视服务，数据分析和改善交由顾问处理；

---

① 参照下述（8）。
② 参照第1章1.4（2）（Ⅳ）。

② 使用我们公司的服务，顾问咨询作为整体经营咨询的一部分。

①的情况下，即使顾问介绍了客户，我们公司也不会向其支付中介费，以免最终增加客户的负担。

作为补偿，如果介绍客户来的顾问有需要，我们会在公司数据库中将其注册为"合作顾问"。一旦有客户提出"混合咨询"的需求，我们就会将该顾问介绍给客户。

届时，我们将向客户公开顾问在改善活动中的成果，以便客户在签约时能挑选一名称职的顾问。

以往，顾问的业绩并没有被量化。但在我们公司的系统中，顾问对客户的贡献程度都会用数值来进行表示。当然，也可以选择不公开业绩。

②的情况下，我们已经和某大型咨询公司开展了合作。我们的定位是：负责整体咨询中的"提高生产线的产量"。

(8) 顾问兼数据分析师的培训业务

在发展这些业务的同时，我们还开展了"顾问兼数据分析师的培训业务"。

那就是名古屋商工会议所主办的"智能制造指导者培训学校"。该校被日本经济产业省支持的"智能制造援助队事业"选中，开展与制造现场改善有关的教学活动。同时，IoT工具的导入方法可也以在这里习得（图3-14）。

图 3-14　智能制造指导者培训学校

学习是以"座谈"及"工厂实习+小组工作"的形式推进的。讲师由日本中京大学经营学院教授渡边丈洋，以及iSTC公司和旭铁工事业部的成员负责。

入学后，学员将作为"智能制造援助队指导者"，应中小制造型企业的派遣需求，为客户导入IoT提供大力支持。

3.4 从"现场×系统×改善力"中诞生的事务

(1) 四年间，从"谁都能模仿"到"谁也无法模仿"

当初，我们公司的系统是以"在秋叶原购买 50 日元的传感器并将其 IoT 化"的形象率先发展起来的。第二代系统不是由专家，而是由员工亲手制作的，所以又被认为"谁都能模仿的简单系统"。

第一代和第二代都是如此。

即使是简单廉价的系统，只要转换思路，也会成为"哥伦布的鸡蛋"。这一点也得到了与我们公司有着同样烦恼的众多中小企业及其支持者的共识。

但是，今天的系统已经不是"谁都能模仿"的了。正如第 1 章所述，在开发第一代系统的四年里，我们用了超乎其他企业想象的速度反复进行了改良。

而且，改良不是在会议室和桌子上进行的。其由开发、运营、品质管理等各部门联合制作，采用了"DevOps"[①] 的开发手法。

技术上，目前采用的是红帽公司的 OpenShift（云计算平台服务产品）[②] 和 Red Hat Decision Manager（红帽决策管理器）[③]，融合了 IoT、RPA[④]、AI 等世界最先进的软件技术，实现了不依赖于供应商和云供应商的构成的灵活变化、运行的自动化、新设备和应用程序界面（API）[⑤] 的集成、安全的快速响应等。

我们的 IoT 技术历经四年，成功从"谁都能模仿"达到了"谁也无法模仿"的水平。

(2) 具备三种能力的一流企业的使命

我们公司提供的"数据分析服务"和"混合服务"必须在同时具备"系统、现场、改善力"三种能力的前提下才能

---

① 参考第 1 章 1.10（2）。
② 参照第 1 章 1.10（4）（v）。
③ 参照第 1 章 1.10（2）。
④ 参照第 1 章 1.10（2）。
⑤ 应用程序界面的简称，指在网上公开一部分软件应用，以便同行进行协作。

发挥作用（图 3-15）。

只有iSTC公司能提供的服务

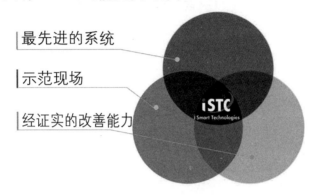

最先进的系统

示范现场

经证实的改善能力

图 3-15　iSTC 公司兼备"系统、现场、改善力"

但是，兼备这三种能力的企业在制造业领域是不存在的，且没有生产现场的软件开发公司也不可能实现。

目前来看，我们公司是世界上唯一能做到的企业。

前面提到的两项服务，即使环顾全世界，也只有我们公司才能提供"真正原创"的服务。

今后，我们也将持续对系统进行改良、追加功能，使它能在"现场改善"和"活用积累的数据"方面发挥更大的作用。

我们的使命就是最大限度地利用这些知识，为提高所有中小企业的生产效率做出贡献。

　　未来，不仅是日本，从泰国开始，世界各地的城镇工厂都将实现"工业4.0"。可以说，这是我们目前所瞄准的最大的目标。

"精益制造" 专家委员会

金　光　广州汽车集团商贸有限公司高级主任

姜顺龙　中国商用飞机责任有限公司高级工程师

张文进　益友会上海分会会长、奥托立夫精益学院院长

邓红星　工场物流与供应链专家

高金华　益友会湖北分会首席专家、企网联合创始人

葛仙红　益友会宁波分会副会长、博格华纳精益学院院长

赵　勇　益友会胶东分会副会长、派克汉尼芬价值流经理

金　鸣　益友会副会长、上海大众动力总成有限公司高级经理

唐雪萍　益友会苏州分会会长、宜家工业精益专家

康　晓　施耐德电气精益智能制造专家

缪　武　益友会上海分会副会长、益友会/质友会会长

東方出版社

广州标杆精益企业管理有限公司

东方出版社助力中国制造业升级

书　　名	ISBN	定　价
精益制造 001：5S 推进法	978-7-5207-2104-2	52 元
精益制造 002：生产计划	978-7-5207-2105-9	58 元
精益制造 003：不良品防止对策	978-7-5060-4204-8	32 元
精益制造 004：生产管理	978-7-5207-2106-6	58 元
精益制造 005：生产现场最优分析法	978-7-5060-4260-4	32 元
精益制造 006：标准时间管理	978-7-5060-4286-4	32 元
精益制造 007：现场改善	978-7-5060-4267-3	30 元
精益制造 008：丰田现场的人才培育	978-7-5060-4985-6	30 元
精益制造 009：库存管理	978-7-5207-2107-3	58 元
精益制造 010：采购管理	978-7-5060-5277-1	28 元
精益制造 011：TPM 推进法	978-7-5060-5967-1	28 元
精益制造 012：BOM 物料管理	978-7-5060-6013-4	36 元
精益制造 013：成本管理	978-7-5060-6029-5	30 元
精益制造 014：物流管理	978-7-5060-6028-8	32 元
精益制造 015：新工程管理	978-7-5060-6165-0	32 元
精益制造 016：工厂管理机制	978-7-5060-6289-3	32 元
精益制造 017：知识设计企业	978-7-5060-6347-0	38 元
精益制造 018：本田的造型设计哲学	978-7-5060-6520-7	26 元
精益制造 019：佳能单元式生产系统	978-7-5060-6669-3	36 元
精益制造 020：丰田可视化管理方式	978-7-5060-6670-9	26 元
精益制造 021：丰田现场管理方式	978-7-5060-6671-6	32 元
精益制造 022：零浪费丰田生产方式	978-7-5060-6672-3	36 元
精益制造 023：畅销品包装设计	978-7-5060-6795-9	36 元
精益制造 024：丰田细胞式生产	978-7-5060-7537-4	36 元
精益制造 025：经营者色彩基础	978-7-5060-7658-6	38 元
精益制造 026：TOC 工厂管理	978-7-5060-7851-1	28 元

书　　名	ISBN	定　价
精益制造 027：工厂心理管理	978-7-5060-7907-5	38 元
精益制造 028：工匠精神	978-7-5060-8257-0	36 元
精益制造 029：现场管理	978-7-5060-8666-0	38 元
精益制造 030：第四次工业革命	978-7-5060-8472-7	36 元
精益制造 031：TQM 全面品质管理	978-7-5060-8932-6	36 元
精益制造 032：丰田现场完全手册	978-7-5060-8951-7	46 元
精益制造 033：工厂经营	978-7-5060-8962-3	38 元
精益制造 034：现场安全管理	978-7-5060-8986-9	42 元
精益制造 035：工业 4.0 之 3D 打印	978-7-5060-8995-1	49.8 元
精益制造 036：SCM 供应链管理系统	978-7-5060-9159-6	38 元
精益制造 037：成本减半	978-7-5060-9165-7	38 元
精益制造 038：工业 4.0 之机器人与智能生产	978-7-5060-9220-3	38 元
精益制造 039：生产管理系统构建	978-7-5060-9496-2	45 元
精益制造 040：工厂长的生产现场改革	978-7-5060-9533-4	52 元
精益制造 041：工厂改善的 101 个要点	978-7-5060-9534-1	42 元
精益制造 042：PDCA 精进法	978-7-5060-6122-3	42 元
精益制造 043：PLM 产品生命周期管理	978-7-5060-9601-0	48 元
精益制造 044：读故事洞悉丰田生产方式	978-7-5060-9791-8	58 元
精益制造 045：零件减半	978-7-5060-9792-5	48 元
精益制造 046：成为最强工厂	978-7-5060-9793-2	58 元
精益制造 047：经营的原点	978-7-5060-8504-5	58 元
精益制造 048：供应链经营入门	978-7-5060-8675-2	42 元
精益制造 049：工业 4.0 之数字化车间	978-7-5060-9958-5	58 元
精益制造 050：流的传承	978-7-5207-0055-9	58 元
精益制造 051：丰田失败学	978-7-5207-0019-1	58 元
精益制造 052：微改善	978-7-5207-0050-4	58 元
精益制造 053：工业 4.0 之智能工厂	978-7-5207-0263-8	58 元
精益制造 054：精益现场深速思考法	978-7-5207-0328-4	58 元
精益制造 055：丰田生产方式的逆袭	978-7-5207-0473-1	58 元

书　名	ISBN	定　价
精益制造 056：库存管理实践	978-7-5207-0893-7	68 元
精益制造 057：物流全解	978-7-5207-0892-0	68 元
精益制造 058：现场改善秒懂秘籍：流动化	978-7-5207-1059-6	68 元
精益制造 059：现场改善秒懂秘籍：IE 七大工具	978-7-5207-1058-9	68 元
精益制造 060：现场改善秒懂秘籍：准备作业改善	978-7-5207-1082-4	68 元
精益制造 061：丰田生产方式导入与实践诀窍	978-7-5207-1164-7	68 元
精益制造 062：智能工厂体系	978-7-5207-1165-4	68 元
精益制造 063：丰田成本管理	978-7-5207-1507-2	58 元
精益制造 064：打造最强工厂的 48 个秘诀	978-7-5207-1544-7	88 元
精益制造 065、066：丰田生产方式的进化——精益管理的本源（上、下）	978-7-5207-1762-5	136 元
精益制造 067：智能材料与性能材料	978-7-5207-1872-1	68 元
精益制造 068：丰田式 5W1H 思考法	978-7-5207-2082-3	58 元
精益制造 069：丰田动线管理	978-7-5207-2132-5	58 元
精益制造 070：模块化设计	978-7-5207-2150-9	58 元
精益制造 071：提质降本产品开发	978-7-5207-2195-0	58 元
精益制造 072：这样开发设计世界顶级产品	978-7-5207-2196-7	78 元

日本制造业 · 大师课
手机端阅读，让你和世界制造高手智慧同步

片山和也：
日本超精密加工技术
系统讲解日本世界级精密加工技术
介绍日本典型代工企业

国井良昌：
技术人员晋升 · 12 讲
成为技术部主管的 12 套必备系统

山崎良兵、野々村洸，等：
AI 工厂：思维、技术 · 13 讲
学习先进工厂，少走 AI 弯路

高田宪一、近冈裕，等：
日本碳纤材料 CFRP · 11 讲
抓住 CFRP，抓住制造业未来 20 年的新机会

中山力、木崎健太郎：
日本产品触觉设计 · 8 讲
用触觉，刺激购买

高市清治、吉田胜，等：
技术工人快速培养 · 8 讲
3 套系统，迅速、低成本培育技工

近冈裕、山崎良兵，等：
日本轻量化技术 · 11 讲
实现产品轻量化的低成本策略

近冈裕、山崎良兵、野々村洸：
日本爆品设计开发 · 12 讲
把产品设计，做到点子上

近冈裕、山崎良兵、野々村洸：

数字孪生制造：
技术、应用 · 10 讲

创新的零成本试错之路，智能工业化
组织的必备技能

吉田胜：

超强机床制造：
市场研究与策略 · 6 讲

机床制造的下一个竞争核心，是提供
"智能工厂整体优化承包方案"

吉田胜、近冈裕、中山力，等：

只做一件也能赚钱的工厂

获得属于下一个时代的，及时满足客
户需求的能力

吉田胜：

商用智能可穿戴设备：
基础与应用 · 7 讲

将商用可穿戴设备投入生产现场
拥有快速转产能力，应对多变市场需求

吉田胜、山田刚良：

5G 智能工厂：
技术与应用 · 6 讲

跟日本头部企业学
5G 智能工厂构建

木崎健太郎、中山力：

工厂数据科学家：
DATA SCIENTIST · 10 讲

从你的企业中找出数据科学家
培养他，用好他

中山力：

增材制造技术：
应用基础 · 8 讲

更快、更好、更灵活
——引爆下一场制造业革命

内容合作、推广加盟
请加主编微信